The
MANIFESTING
Wordsearch
Book

"I make
my dreams
come true"

This edition published in 2023 by Arcturus Publishing Limited
26/27 Bickels Yard, 151–153 Bermondsey Street,
London SE1 3HA

Copyright © Arcturus Holdings Limited
Puzzles by Puzzle Press

AD011142NT

Printed in the UK

MIX
Paper | Supporting
responsible forestry
FSC® C171272

CONTENTS

Introduction................................... 5

Puzzles   7

Solutions   167

INTRODUCTION

*"Once you make a decision, the universe
conspires to make it happen."*

RALPH WALDO EMERSON

Manifesting is all about using the power of your mind
and emotions to turn your dreams into reality. In order to
manifest your perfect life, you must learn to control your
feelings and establish a positive mindset which motivates
and uplifts you. Whether you are looking to improve your
mental state, move house, or change your job, manifestation
can help.

Believing that "thoughts become things" encourages you
to focus on what you wish to attract—affirmations are
an essential part of this. Repeating positive thoughts that
resonate with you is a great way for you to check in with
yourself and give your health and wellbeing a massive
boost. Affirmations can offer mental clarity and help you
to determine a path that takes you closer to your goals. By
opening yourself up to the opportunities and adventures
you desire, you can manifest the reality you wish to live.

So, where does this book come in?

Half of the puzzles in this book use affirmations as the
words to search for, with the words on each line appearing
as a string within the grid of letters. Start with any that

have a particular resonance with you, because that may indicate they concern an area of your life in which you'd like to see change. Concentrating on the positive words and their uplifting meanings as you look for them will be a benefit in itself. You can then use the same affirmation to repeat at a time of your choosing.

The other puzzles may be more familiar to you as they're standard wordsearches, all on inspiring and uplifting topics, to help reinforce the message of positivity.

If you're new to wordsearches, you'll find them entertaining and fun to solve. They offer great exercise for our brains and also allow us some time of calmly being in the moment, while we concentrate on finding the hidden words, undistracted by the busyness of life for a little while. To solve the puzzles, simply find each of the words listed, or each string of words in a line of the affirmations, in the grid above them. The words may run forward or backward, up or down, or diagonally in either direction.

So let's get started!

Find a pen or pencil and start with whichever puzzle takes your fancy, to begin to enjoy the benefits that affirmations can bring. Enjoy the journey to a new and more confident you, one who is ready to grasp the opportunity to make your dreams come true.

1

```
        Y Q S L
    A B T W O N G S
  J T B V F Q J N E H
  L T O S O L A D I C Y H
  Y H D F S U E E R N Q I
  R P E A P P F T T B E E Q C
  U A N Y L W R T I L I Y B X
  W F E I K O E O C L R W Z I
  D R W S M N D T X I E U C X
  N W A J D N H E W P G Z
  G A P S C O J M T X D Y
  Z Y O O W Y A I E I
    Y A L C T I S T
        D N Y E
```

*Today is a
wonderful
day and
I am excited
about
the new
experiences
it will bring.*

Wake Up

```
S N S R E P P I L S G Y S
T N A E S I R A C M A X H
E E C O C K C R O W S S O
R K O F B U P D N I U T W
E A B F T Z P I R R H E E
C W E T C I N O B E S D R
O A D O I G L R F I E E G
L S M W R L I S R T A C N
A A A O A A I N E D E T I
E K K R H S U M Z U O A S
R E I K B S H P O Y M W S
E S N B B M T I O A S N E
C Y G R L I V E N M B E R
H C T E R T S A S G C Y D
E R A O H C T A R C S Y C
```

ARISE	DRESSING	SLIPPERS
AWAKEN	HAIRBRUSH	SNOOZE
BED-MAKING	MUESLI	STRETCH
CEREAL	OFF TO WORK	SUNRISE
COCK-CROW	SCRATCH	WASHING
CUP OF TEA	SHOWER	YAWNING

```
        N F M
      N D R W L E V
    X A P F O U V E D
  P Y T I V I T I S O P
  M V D U V X L D A T Y
  H D E S E L T N A R P U K
  A T A S V B A N A O D F L
  E J I T G S D T N Q W W K
  J X W I J S A J Y T W
  A D H O I A F R A S D
    T Y U M N E F U U
    A C J V R X J
        E W G
```

*I start
this and
every
day
with
positivity
and joy.*

4   Happy

```
Y D E T A L E T Y P Z Y M
U F D C D G U X A R S K R
X N O N A F R F K E R R U
L T W W U R Q I R K B E P
U N C O N C E R N E D P M
F O K V R J O F U N E Z U
E T E R I R R J R H I H X
E R E U J J I L Z E H N C
L X Y P H S O E I U E A G
G I F L U C J L D V S K K
L C O N T E N T L A E L E
U O N P R J M V D Y L L E
C Y S D I K B L I T H E Y
K O T Z P M A E H I T D R
Y V A U V T N A Y O U B W
```

BLITHE	GLEEFUL	MERRY
BUOYANT	GRINNING	PERKY
CAREFREE	JOCUND	SUNNY
CHEERFUL	JOLLY	UNCON-CERNED
CONTENT	LIVELY	UNWORRIED
ELATED	LUCKY	UPBEAT

5

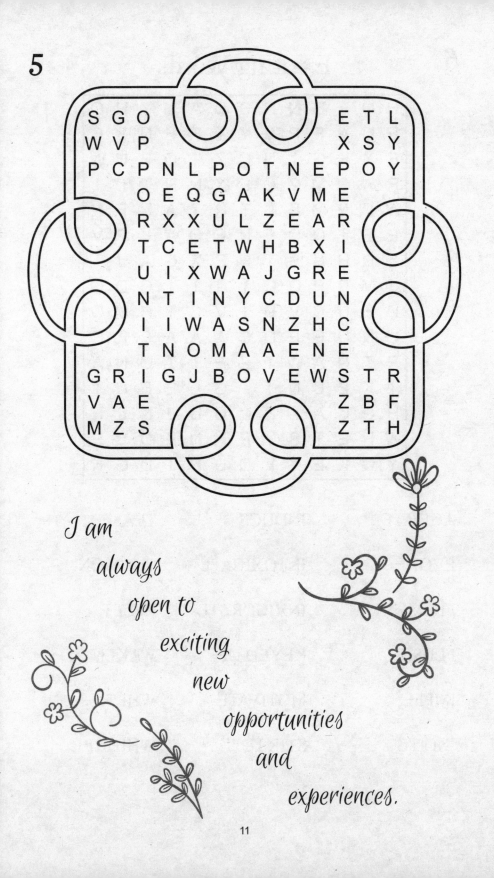

```
S G O                 E T L
W V P                 X S Y
P C P N L P O T N E P O Y
  O E Q G A K V M E
  R X X U L Z E A R
  T C E T W H B X I
  U I X W A J G R E
  N T I N Y C D U N
  I I W A S N Z H C
  T N O M A A E N E
G R I G J B O V E W S T R
V A E                 Z B F
M Z S                 Z T H
```

*I am
always
open to
exciting
new
opportunities
and
experiences.*

Exciting Words

```
H O E D N R S D A M Y H Q
E D A E P V Y T R F N S C
E X K G I N C Z I O F U W
R A C M G C E X N R T L I
W F P M E L T R T A U F N
E E I O O E U E O A L P V
L R H N S T K E X G A J I
J M B P D O I J I I C D G
P E U D V U I V C T H M O
U N U E E D C W A A F K R
P T N A W T Z E T T O N A
I K E B N I I G E E E U T
H G C A L E M C D J N J E
W H E T S Y P N N K D V E
Y Q K E Y E D U P I D G K
```

AGITATE	INDUCE	TEASE
EVOKE	INTOXICATE	TURN ON
FERMENT	INVIGORATE	UPSET
FLUSH	KEYED UP	WAKEN
IMPEL	MOTIVATE	WHET
INCITE	STIR UP	WHIP UP

```
        I  L  B  T
     T  H  E  F  U  L  L  Y
  E  S  Y  X  O  T  E  F  I  L
  T  G  D  P  N  L  H  F  U  T
Q  H  N  D  E  Y  W  P  H  N  F  G
U  I  I  U  R  Y  G  Y  E  K  N  U
A  S  R  H  I  X  R  M  O  I  F  B
W  D  B  F  E  X  O  E  Y  A  A  Q
  A  T  A  N  M  I  O  V  U  V
  Y  I  A  C  N  J  G  Z  E  L
  U  Y  E  N  M  O  L  Q
        E  R  Z  L
```

I experience
life to
the full
this day,
enjoying
every
moment
it brings.

Warmth

```
Q D Y N K E N E S O R E K
U I D R E I A D E A L U R
E P Z U T P G L I E Z O F
N E K J V L B H R I T R M
E T R O O E U K C A Q L E
S B D W M O T S I U U L L
A U I U B R H D I N D A E
R N N O I T A L U S N I C
G S P S R R T W U T M N T
B K U A H U J G E E B E R
L A Q N S I F E U K R G I
V I L Y N S N M L N U J C
A E A M I Y I E F A S L I
C V G J Y U B O E L F I T
R E V O C C J S N B Y J Y
```

BALMY	GLOWING	RADIATOR
BLANKET	INSULATION	SNUG
COVER	KEROSENE	SULTRY
DUVET	LUKEWARM	SUNNY
ELECTRICITY	PASSION	SUNSHINE
GENIAL	QUILT	TEPID

```
X G S Y
T O F L O W
D T E Y U E V Z
L I T S A H V W O U
U H S R D G E O R D
E N W E O U R L Z Y
W T M V T O Y L R S
C D I E R D A W
C N M H A I
U A T Y
```

I allow

the

Universe

to flow

through

me today

and

every day.

Early

```
T N E N I M M I D V L D A
S V U R M R O A A I N R Z
Q U U D E B N L W F G A S
E Q O M D O G T N N C W B
R M R I O A N G I Y P R T
L O B S V O Y M N F T O N
F A O R R E O B G O I F E
L O N F Y C R F R R M O I
T A N I H O A P L E M F P
V I I T G D N C P S A I I
W Z R T V I D I Z T T K C
N O H A I Z R Q C A U Y N
F K N L Q N L O F L R L I
N C R F U G I X L L E P G
E J A Z E R O T S N I W L
```

ADVANCE	FORTH-COMING	INCIPIENT
DAWNING		INITIAL
	FORWARD	
DAYBREAK		ORIGINAL
	IMMATURE	
EMBRYONIC		PREVIOUS
	IMMINENT	
FORESTALL		TOO SOON
	IN FRONT	
FORMER		UNRIPE
	IN STORE	

I wake
up this
morning
energized
and excited
about
what
lies ahead.

Magic

```
I O V K N A T R E T A W E
B S A Y C F H C S E R R A
A R K U S O F R E A N S Y
R E R C U A O C C U L T M
A S S D K R X S A L R N E
E U I E R L R S E Z E A R
O N R I E E O P E U U I G
I Y M H D V S G C E R C I
V F D N M O O M K M H I C
R B O A S O X A R L N G S
R W I W T D E S G A W A K
L E U S Y O P W S V H M C
K R W C R O S N I A H C O
Y S U O R O M A L G L C L
N O I T P E C E D S E G A
```

CHAINS	GLASS	POWER
CHARMS	HOUDINI	SPELLS
CURSE	LOCKS	STOOGE
DECEPTION	MAGICIAN	VOODOO
FAKERY	MIRRORS	WATER TANK
GLAMOROUS	OCCULT	WONDER

```
S D Q     D F I
K C F L I A G
M G P A E M N A P
R X A H C Z L I O Q L U N
G U T I O I E R L Z L L M
C H G U V B N L P I D W B
A E I A U B I E N F D
M H N A G L J P A M A E P
A G Z U L D M Y L V V Y J
Q M Q S T T P T S E B Y M
A K D P H L A F E
I A U Y Y E X
H F I     S Z B
```

*I am living
my best
life.
I am a
healthy,
happy and
magical
being.*

Affirm

```
O R E Y U H E S A U U H L
D F C R C O S S C Y F W Q
C B X U U T T R O Q K W E
S Y O S X S E R N P B G Q
U V S T R E N G T H E N D
B J B J M T K E E E E D E
S W E A R O D N N G R V C
T V J Y O R V D D J Z W L
A Y X E T P O E W L B Y A
N S T X H R L T A K A M R
T I S M S P N B R C C E E
I Q V E R I F Y R E K T L
A F K V R T H F A H U A X
T M A I N T A I N C P T L
E F X U A Z W E T B L S B
```

ASSERT	ENDORSE	STRENGTHEN
BACK UP	ENSURE	SUBSTAN-TIATE
CHECK	MAINTAIN	SWEAR
CONTEND	PLEDGE	VERIFY
DECLARE	PROTEST	VOUCH
DEPOSE	STATE	WARRANT

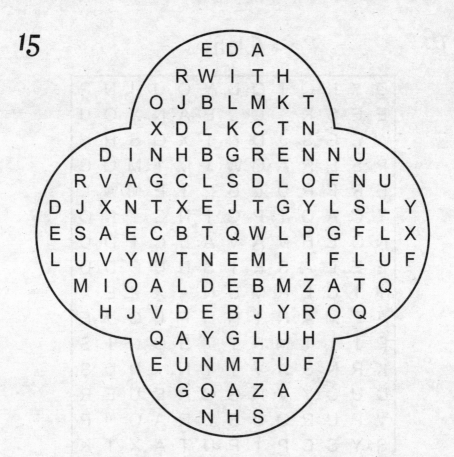

```
      E D A
    R W I T H
    O J B L M K T
    X D L K C T N
  D I N H B G R E N N U
  R V A G C L S D L O F N U
D J X N T X E J T G Y L S L Y
E S A E C B T Q W L P G F L X
L U V Y W T N E M L I F L U F
M I O A L D E B M Z A T Q
H J V D E B J Y R O Q
    Q A Y G L U H
    E U N M T U F
    G Q A Z A
      N H S
```

My day
unfolds
naturally
with
ease,
joy
and
fulfilment.

Clear

```
D Y K Q T Q D Y O U J N P
E E S K T C L E A N Y O U
W C G S J D N I X Q S H H
P S E R A Q W I M I M Q C
E R F R U L B P T P M W L
T C A O T P G I N S I N O
N D L H M A V A E C I D U
E E L A S E I S R U C D D
T I U L R M U N A X Z E L
A F M A R I R H P L O V E
P I I T M P T T S O N I S
K R N S A V T Y N I N D S
D U O Y V R G O A E U E R
V P U R Q B B L R A O N P
S Y S C P I P U T A X T K
```

CERTAIN EVIDENT POSITIVE

CLARITY GLASSY PURGED

CLEAN LIMPID PURIFIED

CLOUDLESS LUMINOUS SHARP

CRYSTAL PATENT TRANSPARENT

DISTINCT PLAIN UNMIXED

```
        F       M
      U M M H E S G
      C O L A I C O
    L L E W N L I D Y L H
  Z J E W T L T Z E L G T A
    I S T A Y C H T R T I
    M O R N I N G I Y E S
    B Y G B C E C A S M H
  E V L U F I T U A E B I W
    I A M E X A C T L Y Q
      A E R S Y B H
      H A Q T P Q H
        S       J
```

*All is
well
on this
beautiful
morning.
I am exactly
where I am
meant to be.*

Zeal

```
E X C T N E M E T I C X E
F W E R A U V O P A R E W
Y I T R E I Y F T U N W L
D L N R R H A Z G S A Q C
U L E D W O A O N R U C Y
T I M J U P H Q M E N G T
S N T B I G O T R Y R L I
Y G I D S L H S V E J F D
T N M U P S G F N H E E I
S E M E I M E E R V S F V
U S O N R D D N R Y O D A
G S C C I N T E N S I T Y
E N O I T O V E D E N L O
M W N O I T A C I D E D K
N O I S S A P E R I J K U
```

AVIDITY	ENERGY	PASSION
BIGOTRY	EXCITEMENT	SPIRIT
COMMITMENT	FRENZY	STUDY
DEDICATION	GUSTO	VERVE
DEVOTION	INTENSITY	WARMTH
DRIVE	KEENNESS	WILLINGNESS

19

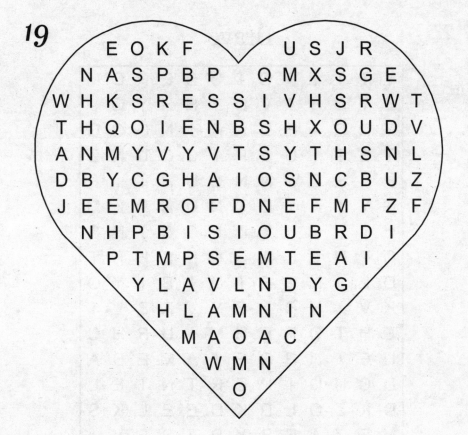

```
    E O K F        U S J R
  N A S P B P    Q M X S G E
W H K S R E S S I V H S R W T
T H Q O I E N B S H X O U D V
A N M Y V Y T S Y T H S N L
D B Y C G H A I O S N C B U Z
J E E M R O F D N E F M F Z F
N H P B I S I O U B R D I
  P T M P S E M T E A I
    Y L A V L N D Y G
    H L A M N I N
    M A O A C
    W M N
      O
```

Today is a wonderful day! I am open to all the universe has in store for me.

Brave

```
Y T T I R G I B S E R O M
E Y D H A V D T H H Y G J
Y D R A H D A R I N G G G
T B T I U L P I E O U N Z
H A R Z W N N L U H I I F
G Y I A Y D T N U H F E M
U D R H L T D L C C I N S
O T H J E A H N E S K P T
D L J M U E I D T S I Y O
K V I N R L C Y V R S L I
E H T O F B H M I U R H C
U E I N P G E T A M E B A
D C U D I P E R T N I E L
D K Z O L D K D E E L K S
N E Z A R B Y P A S E Y I
```

BRAZEN	GRITTY	PLUCKY
CHEEKY	HARDY	SPIRITED
DARING	HEROIC	STALWART
DAUNTLESS	INTREPID	STOICAL
DOUGHTY	MANLY	UNDAUNTED
FEISTY	METTLE	UNFLINCHING

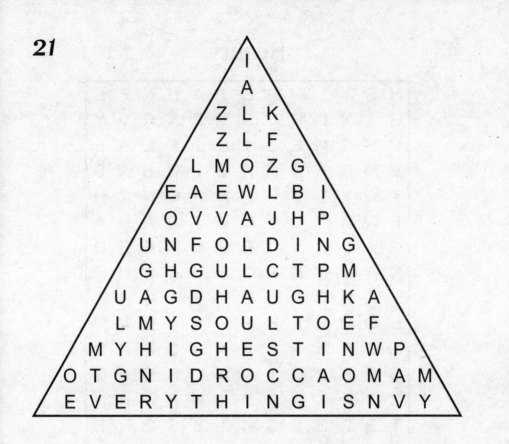

```
                    I
                    A
                  Z L K
                  Z L F
                L M O Z G
              E A E W L B I
              O V V A J H P
            U N F O L D I N G
            G H G U L C T P M
          U A G D H A U G H K A
          L M Y S O U L T O E F
        M Y H I G H E S T I N W P
        O T G N I D R O C C A O M A M
        E V E R Y T H I N G I S N V Y
```

*I allow
my soul to
lead the way.
Everything is
unfolding
according to
my highest
evolution.*

Beauty

```
H S I L O P L I A N N E E
H A N P R T S M E A R V Y
V S G M E O I R I F E A E
V M R A K R R L Y C S W S
T W X E J R F R P O N T H
L W A R L I Q U I S A N A
G A J C L L E C M M E E D
N W I E K K O S U E L N O
I W H C A S E R Y T C A W
B O M M A H H E E I D M M
M S E I S F L A A C E R D
O E R U C I N A M S F E G
C T R X N Q Y J H P W P N
T B S E S S C I S S O R S
I R R R U S H E H B B O E
```

BRUSHES	EYESHADOW	NAIL POLISH
CLEANSER	FACIAL	PERFUME
COMBING	MAKEUP	PERMANENT WAVE
COSMETICS	MANICURE	
		ROLLERS
CREAM	MIRROR	
		SCISSORS
EYELINER	NAIL FILE	
		SHAMPOO

Health and Wellbeing

We all need a healthy body and mind to cope with daily demands and help us to live life to the fullest. While of course many illnesses and afflictions require medical care, and affirmations are not a substitute for that, using them to manifest good health and wellbeing can help us to feel them in our hearts and make them a reality.

What does the best health and wellbeing look like to you? Think about what it would feel like to be in the very best health possible for you. Would that mean being more active, able to exercise more, or sleeping more soundly? Would it mean adopting a healthy diet, or always being in a more positive state of mind? Think about strength, balance, resilience, stamina, and calmness, and other words that conjure up feelings of wellbeing.

Increasing awareness of how you are feeling in the present moment is a powerful way to evaluate your current situation. Constantly checking in with yourself, whether that is daily or weekly allows space for re-evaluation and development—these moments are guided by positive thinking about how you can improve your health and wellbeing. When used consistently, affirmations are a fantastic way to motivate and encourage actions that will manifest the future you'd like for yourself.

Use the affirmations that follow to help you appreciate your body and all that it allows you to do.

Better and Better

```
G N I S S A P R U S A O R
D E L A E H A L A E H T E
Z G Y P U D E H C U O T G
P R O G R E S S I N G R N
D R T D C E E R E K E L O
E E D U E A F A E A H R R
R T C R E H T E T T O Y T
E E D O E E S E R L T H S
V E G E R C R I I A C I T
O W M G S L T M L G B A F
C S B T I I A I E O N L A
E R E Q W B V R F N P I E
R E C R A M S E G I D D R
V C B K V H L Y R E E E V
N E R E T R A M S A R D D
```

BIGGER	NEATER	REVISED
FITTER	POLISHED	SMARTER
GREATER	PREFERABLE	STRONGER
HEALED	PROGRESSING	SURPASSING
LARGER	RECOVERED	SWEETER
MENDED	RECTIFIED	TOUCHED UP

```
                    H
                  T M R
                L C F Y O
              A Y T F D W Y
            E P C D X E J G Z
          H T O S U P P O R T F
        Y I A M I M P R O V I N G
      M H I I A N D M A K I N G M E
        F Y A D Y R E V E T I J V
          C O N S T A N T L Y I
            S E C I O H C E T
              I G B E X C I
                W W B C S
                  J B O
                    P
```

*I am improving
my health
constantly
and making
positive
choices
to support
it every day.*

Healthy Eating

```
E U C D V B I Y S E C R D
Q U I E A T I V A H O R A
U E S S R C A R R O T S L
A L K S I E T F G B T C A
F L I A E F A I G I A E S
P I R L T V F L L S G L O
E U R S Y U I A S T E E Q
A O E I V F O L O I C R W
C T T F S N D T O R H I Q
H A S Y I E A M H F E A Y
D T Y U S M S M O R E C I
I A Q F O N P L B Y S F V
P R O T E I N S U N E R T
S D H Z L S R E P P E P T
B A S S E R C R E T A W S
```

CARROT	PEPPERS	SALSIFY
CELERIAC	PROTEIN	SKIRRET
CEREALS	PULSES	STIR-FRY
COTTAGE CHEESE	QUINOA	TOMATO
	RATATOUILLE	VARIETY
OLIVES		
	SALAD	WATERCRESS
PEACH DIP		

```
            D
        W   L   S
        N   H   L       M R
I K
C N E E D S A N D O E
Y K W M B X T G D
N N D Y Y S P I L
K G R E E L I T B W T Z W
V I K C P N O U R I S H I N G
T E L L S M E V R H T P Y
    I S U P P O R T I I
    B G C H S P I J W
    P M Y B O D Y O U T S
M J       T O L       I L
          W O D
            F
```

*My body
tells me
what it
needs and
I support
it with
nourishing
foods.*

Spring Bouquet

```
U Y T Y V J S C I L L A G
R F Y V S K F G S B P L P
B E R J G N B G S G I U A
E F D P I M A N G P L C T
T R S C V U O P M F S I O
O E O C A S U U K F W R N
O E N B M M I P L M O U E
F S Y A E L P L U Y C A M
S I R J L L E I L A I Y T
T A E A S B L I O L I Y E
L I N I E C L E L N R T G
O I R U M J V E H B U U R
C I L F V G M D J E J L O
I B C A D A P P E C H I F
C C K L C R O C U S O P F
```

ALLIUM	CROCUS	LILY
AURICULA	FORGET-ME-NOT	PANSY
BLUEBELL		RAMSONS
	FREESIA	
CAMELLIA		RED CAMPION
	HELLEBORE	
COLTSFOOT		SCILLA
	IRIS	
COWSLIP		TULIP
	LILAC	

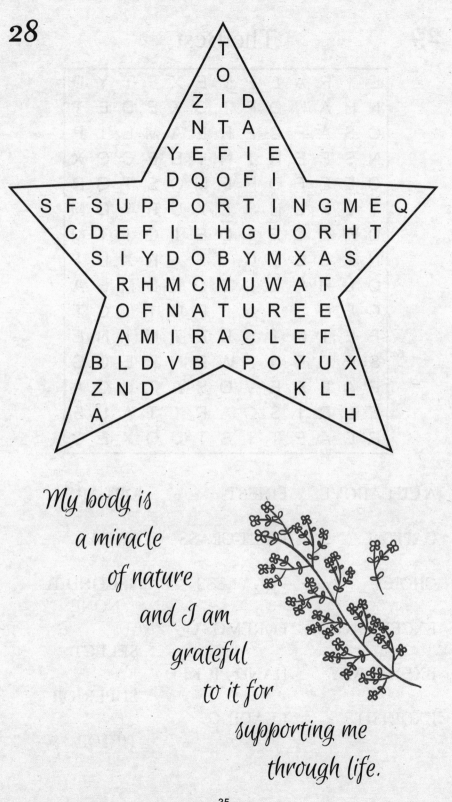

My body is
a miracle
of nature
and I am
grateful
to it for
supporting me
through life.

The Best

```
E Y R A L P M E X E T Y D
N H A N D P I C K E D E T
O S A P C F R E A M E I P
N S F E R I N I S E C O X
O E E F O R E M O S T G R
T L X L N S L X U P Y O M
D W Q C E T O E I Q I T M
N A C C E C I T A R X U I
O L H S E L T L E D M E A
C F O D F A L P G I I C T
E E I G I S U E T M I N E
S R C E N S W P N P E C G
P A E R E V O B A T U C A
E L R I S C A P I T A L E
R E A E T I S I U Q X E G
```

A CUT ABOVE	FINEST	OPTIMUM
CAPITAL	FIRST-CLASS	PRIDE
CHOICE	FLAWLESS	SECOND TO NONE
EXCELLENT	FOREMOST	SELECT
EXEMPLARY	HAND-PICKED	SUPERIOR
EXQUISITE	LEADING	TIPTOP

```
        J S S I
      S X B X A I H L
    A K Q L M U S H U Y
    O Z W F S I A X M T K X
    S U M T F R E M Q Q R T
    L U F R E W O P M A I U O S
    D Y O S I H T O D N A C I F
    A N I M A T S D N A E T F U
    G I A M R E S I L I E N T M
    Y G R E N E E H T V P T
    E N T W T M A Y X L T J
    Z Y M B V Z J X Z Z
      X F E Q R P O I
        S H J H
```

I can do this!

I am strong.

I am powerful.

I am resilient.

I have

the energy

and stamina

for this.

Fruits

```
A P P A G R I P E D G Y Q
E L P P A E N I P P R I I
P L U M P O F G I R O E F
B R P E L Y C H E E A G L
E N A E T B S B H E I R T
B R M V R R P Y O I H F O
B O Y F O S F G O V B G H
E Q P X A C I D R M N A I
A U A R F P A M R A O K Y
A N P I E U B D M V P E S
N H A M D N D Y O O N E L
A G Y N O M E L M I N L M
N A A N A Y H B L X I U A
A Y A A C B C G Q M D O Y
W T N A R R U C E T I H W
```

AKEE	LIME	PERSIMMON
AVOCADO	LYCHEE	PINEAPPLE
BANANA	MANGO	PLUM
FIG	MELON	RASPBERRY
GRAPE	PAPAYA	UGLI
LEMON	PEAR	WHITE CURRANT

```
        M  T  Y
     A  N  D  G  I  V  E
   I  H  I  R  Z  Y  F  N  P
 S  S  H  E  B  Q  M  D  O  B  G
 Y  U  N  A  X  J  R  R  O  O  M
 N  X  E  E  T  T  K  D  N  M  B  D  Z
 R  E  C  P  R  E  A  B  X  S  M  Y  S
 M  T  C  K  E  H  M  T  K  Q  H  S  M
 F  D  Y  G  T  Z  S  A  T  T  K
 S  U  P  P  O  R  T  L  H  T  F
 C  R  D  D  D  A  T  A  T
    L  I  D  E  Q  P  F
       H  C  A
```

I eat
healthy
foods
that
support
my body
and give
me energy.

Herbal Remedies

```
A Q P R U W G V W E A G L
E G C V B B A L S A M A N
G O M G Q R A A L M B R V
A J K A X G E T F N N L S
R S G C N S E S Y W F I Y
O Q K A T D O R O E C C L
B G L R J G R Q D R I A E
Y A A U K E H A W Q R R N
G E Z N B G N W K G E E A
H I I N I D S C C E M V L
V G A N E K O S Y V R E S
K R G L P L V T E S U O R
C E I J M N N I S N T L U
R O S E M A R Y C W N A P
N U H F G N E S N I G A X
```

ALOE VERA	GARLIC	MANDRAKE
BALSAM	GINGER	PURSLANE
BORAGE	GINKGO	ROSEMARY
CRANBERRY	GINSENG	SENNA
DANDELION	HEARTSEASE	SORREL
GALANGAL	HEMLOCK	TURMERIC

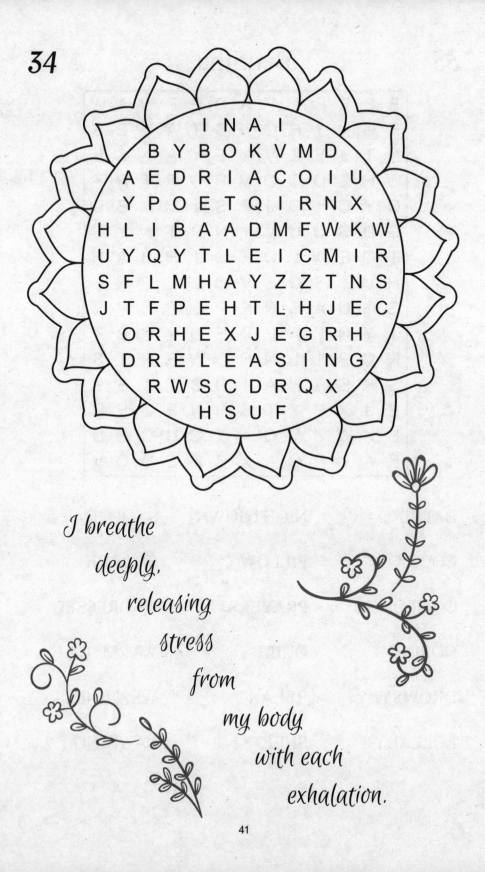

I breathe deeply, releasing stress from my body with each exhalation.

Bedtime

```
B P E R L F A D E P W A W
R G N I R O N S T W V E S
N T J E C V Y E Y A A S B
W H L O C O M F O R T R F
O Y C I O J P S I M H E D
G D S O U V Y N P T W Y S
T O E W V Q E O I H B A H
H L Y S O S V O L C P R E
G G U A S R R Z L E H P E
I Y N L W E D E O Y G B T
N C P I L N R C W E N T S
S R E A H A I D C T I E E
E J X P X T B N N E Z E D
B K W Z V Q A Y G U O E U
E A L R G A X B P E D O V
```

BATHING	NIGHTGOWN	SNOOZE
COCOA	PILLOW	SNORING
COMFORT	PRAYERS	UNDRESSED
DOZING	QUILT	WARMTH
DROWSY	RELAX	WEARINESS
LULLABY	SHEETS	YAWNING

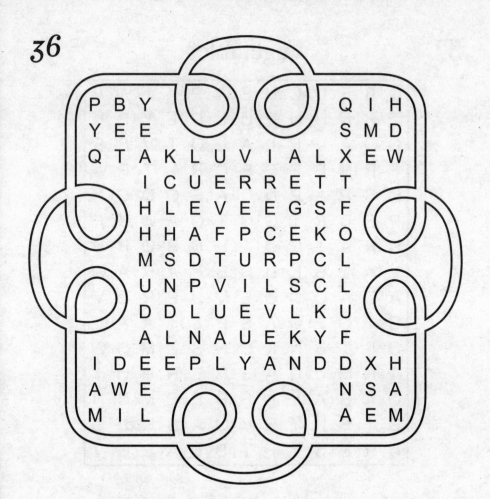

```
P B Y              Q I H
Y E E              S M D
Q T A K L U V I A L X E W
  I C U E R R E T T
  H L E V E E G S F
  H H A F P C E K O
  M S D T U R P C L
  U N P V I L S C L
  D D L U E V L K U
  A L N A U E K Y F
I D E E P L Y A N D D X H
A W E              N S A
M I L              A E M
```

I sleep
deeply and
peacefully.
I am
well
rested
and full of
vitality.

Vegetables

```
Q B E U C N E W P K I W V
T H N H N P U L P L Y P K
G O A V E L A L O T V S B
F R M P F E E C R L T R W
D S P A P N C A E O O O X
P E D R T O C T O A W K F
R R A I R O T H D B O R U
V A L B K U S B P A R A W
A D A Q C O E V U P R L V
S I O E O A S P L I A A E
O S T B N K C N S Z M H W
W H M U D A J R E R P U I
Q A B A L L F B E E M C N
B I F K Y E Y Q A S R L G
C R E S Y F I S L A S G V
```

BAMBOO
  SHOOTS

BROAD BEAN

BROCCOLI

CHARD

CRESS

GREENS

HORSERADISH

KALE

LENTIL

LETTUCE

MARROW

OKRA

PEAS

PEPPER

PULSE

SALSIFY

TOMATO

YAM

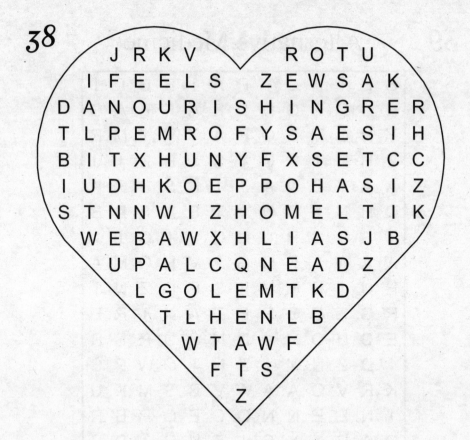

```
      J R K V       R O T U
    I F E E L S   Z E W S A K
  D A N O U R I S H I N G R E R
  T L P E M R O F Y S A E S I H
  B I T X H U N Y F X S E T C C
  I U D H K O E P P O H A S I Z
  S T N N W I Z H O M E L T I K
    W E B A W X H L I A S J B
    U P A L C Q N E A D Z
      L G O L E M T K D
      T L H E N L B
      W T A W F
        F T S
        Z
```

I feel
fantastic
when I eat
well and it
is easy for me
to choose
nourishing
meals.

Alternative Medicine

```
S E T A L I P A I B U L I
N U D C G D L E A F F A O
Y H O M E O P A T H Y M R
Z H H T N O Y S I B K I J
A A T O N A T I E S B R K
Q H N A G N I T S A F P B
T S P G P L M U S I C I W
W A W A F O G A V H O M A
H U I E M U E S E D Z N T
R G E C O P E T A N I R E
E C U O H J D N S U R S R
I D Z N Y I Z N T O W P C
K R V O A A W V B S M K U
I N E E N N O C E G P B R
C A R X Y E I E U R I P E
```

BIODANZA	PILATES	TUI NA
FASTING	PRIMAL	UNANI
GUA SHA	REIKI	WATER CURE
HOMEOPATHY	SEITAI	YOGA
MUSIC	SOUND	ZANG-FU
OSTEOPATHY	TAI CHI	ZONE

```
        D A K U G
      S L C C N T A E O
    A M G Z O U D P R W W
    S N W N V O O R I Y R
  V A I D W I C B A E O O A
  S V W I P O R M F X A M G
  H F T E T A C B R A Y D N
  Q H W N A A T G E A X O Y
  I X V U L X G I D F P C F
    F R M K M J O E I I P
    E V E R Y T H I N G L
      J T K E X P P I T
        M Q Y F Z
```

*I am calm
and patient
and ready
to cope
with
everything
life brings
me today.*

A Walk in the Woods

```
O A M B E L A R A E N A L
L W I F E Q S H U M S S S
E R L L L T E Y J B E O G
N E Y S R R R W Y S W N M
O L F E P E Y U S L I C E
C I A K L P L O N R L B U
E M E B P E M P A K L O O
N W N E H E N E A Z O B H
I K I A E R L D I M W N N
P J D S Y C A M O R E E K
O O N J B E E C H T H A A
L E A V E S Z B T C H G R
O A L F Y S D L I N R H A
I B E E T L E L S K I I Z
L E C A R S F N I G H S B
```

BEECH	HOLLY	OWLS
BEETLE	LEAVES	PINE CONE
BIRCH	LICHEN	STREAM
CELANDINE	MAPLE	SYCAMORE
CLEARING	MOSSES	TRUNK
CREEPER	NETTLES	WILLOW

```
Y D M   S V S
E C N X C U K
 I H M E R A S E D
R Z S T R O N G E R A N D
A C T I V I T Y A N D Z T
T Y I N E X E R C I S E Z
  B A W H N K T D M R P
X J F B M Z J E O E X Q M
P P O Y N A K O I O E E A
C L E X G T S P Y G T R Q
  E Y N T P Y E O C
  H L A R D B D
Q H R   E T N
```

I enjoy
activity and
exercise,
they
help
me to be
stronger and
happier.

Good-looking

```
D R Y W A T E R L E Y R A
C A L L D Y Q L V X L E K
E Y G X E P T I H I E P H
S L P W Q P T T S D V P V
J M E S I C A P E G O A N
T W A G A N P H N R L D D
B T B R A H S I S S P A C
O O T G T N M O E A S O S
N T N Q D R T M M H M T T
A R F N A E O U I E Y Y N
S T A H Y S U N L L D S A
C R C B D W G Y I N E W I
G E X N E Y O S A M C E D
E G A H G D H D F J R U A
T H G N I N N U T S A G R
```

ATTRACTIVE	DASHING	RADIANT
BONNY	ELEGANT	SHAPELY
CHARMING	GRAND	SMART
COMELY	HANDSOME	STUNNING
DANDY	LOVELY	STYLISH
DAPPER	PRETTY	WINSOME

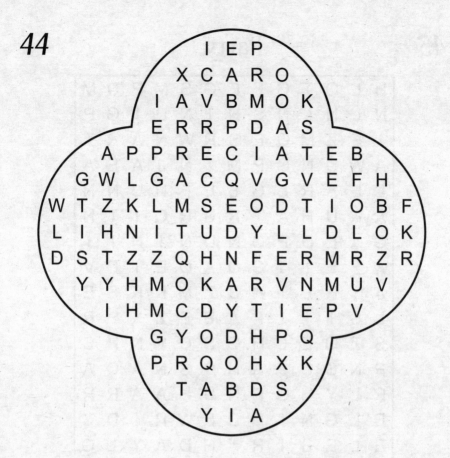

```
        I E P
      X C A R O
    I A V B M O K
    E R R P D A S
  A P P R E C I A T E B
G W L G A C Q V G V E F H
W T Z K L M S E O D T I O B F
L I H N I T U D Y L L D L O K
D S T Z Z Q H N F E R M R Z R
  Y Y H M O K A R V N M U V
    I H M C D Y T I E P V
      G Y O D H P Q
      P R Q O H X K
        T A B D S
          Y I A
```

I am at
peace
with my
body and
appreciate
all that
it does
for me.

Party

```
H L O T G F E G S M P D M
N L N L N S H I N D I G P
I E Z M Q E S R W N A R T
A W D N G P M T N J A E A
L E A R L G L E F U U N N
A R U H A T R U R Q I T N
G A E D P G N U N I N I I
W F E I J C Q A O E T P V
J Y R L T W B Z M K K E E
L S I I I F A E E Z K B R
S Z O E L H G S C V N H S
P N S C J A H D S N A Q A
R L Y H G P H U H A A R R
E L G N I D D E W R I D Y
E L E B I R T H D A Y L G
```

ANNIVERSARY	ENGAGEMENT	RETIREMENT
BANQUET	FAREWELL	SHINDIG
BIRTHDAY	FUNCTION	SOIREE
CEILIDH	GALA	SPREE
DANCE	GARDEN	WASSAIL
DINNER	RAVE	WEDDING

Love and Relationships

The age old saying, "you attract what you are", emphasises the power you have to define the company you end up keeping. Put simply, you will manifest what you are feeling inside, whether that be positivity, beauty… or misery. As humans, we aspire to have relationships that provide us happiness, comfort, and support—feelings that are vital in successful families, friendships, and workplaces. It is, therefore, important to generate a sense of goodwill in yourself and think positively about those you engage with in order to improve the experiences you have with them. This is where affirmations can help!

Affirmations can help you manifest a better version of yourself by committing to small physical and mental exercises which instil confidence and self-love. Whether it be embracing your reflection in the mirror or repeating short statements in support of yourself, affirmations will program your mind to expect, offer, and accept all things good. Feelings such as dejection, self-doubt, and regret can foster negativity which then impacts your mind, your personality, and the places and people around you. You must cultivate goodness within yourself first so you feel that you are worthy of good things—that is the key to finding fulfilment and lasting love. Trust that good will find you wherever you go… and good will indeed find you.

Use the affirmations in this section to accept yourself as you are, exude confidence and establish incredible relationships.

Friendly Words

```
R W Y E T N A D I F N O C
E O O T E D A R M O C K T
H L M S S G O N J R G I V
T L Z T A I O R E J R U A
O E S E R I L T K I P T W
R F E I P O S A P K C S C
B C T M D I H S Y C F I O
N I A Q S E D O T O C N M
Q H M P I E K S C T L O P
C M I P R U B I H L O G A
S I T D Q K C U C S V A T
X V N E B R G L D K E T R
G I I R O E Z E Z D R O I
K R E N T R A P O L Y R O
G M Y R A I L I M A F P T
```

BROTHER	CONFIDANTE	LOVER
BUDDY	CRONY	LOYALIST
CHAMPION	FAMILIAR	PARTNER
COHORT	FELLOW	PROTAGONIST
COMPATRIOT	INTIMATE	SIDEKICK
COMRADE	KINDRED SPIRIT	SISTER

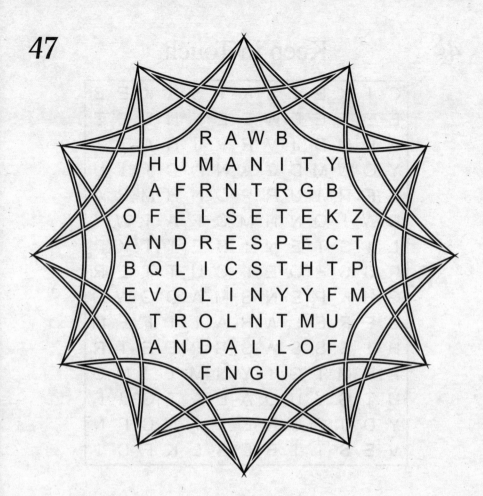

```
R A W B
H U M A N I T Y
A F R N T R G B
O F E L S E T E K Z
A N D R E S P E C T
B Q L I C S T H T P
E V O L I N Y Y F M
T R O L N T M U
A N D A L L O F
F N G U
```

I love

and respect

myself

and all of

humanity.

Keep in Touch

```
C T X E T S K Y S A K E B
E O T E E W T E E N L E Z
A B M D J V R V J H A T I
Y O W M D G A N W C T I U
L F R W U R P O N H M R A
D W I Q N N M C F A T W Y
L I S T E N I B E T T K R
R S S R O E L C U T T E R
G H K P E N S M A O G W G
G E R E L W H A I T F F M
H I S S S A S G R E E T R
A H M T G I Y N M T J M O
H T G Y U O A E A T G J F
Y D J G C R E I I W C P N
V E S T I B E B L K F D I
```

AIRMAIL	GESTURE	NOTIFY
ANSWER	GREET	TALK
CHAT TO	IMPART	TEXT
COMMUNI-CATE	INFORM	TWEET
	LIAISE	UTTER
CONVEY		
	LISTEN	WRITE
DISPLAY		

```
                    I
                    A
              T     M   U
              H     O   H
              V  B  P  B  S
              F  I  E  U  R
  R E L A T I O N S H I P  S H P
     O E H T T S U R T D N A L
        G N I L L I F L U F G
           N E O M W T G B T
           H T H E M T O M E
           B U N I V E R S E
        H W O E K    E B P S I
        M T X         X W W
        L                  D
```

*I am open
to new,
fulfilling
relationships
and trust the
universe
to bring
them to me.*

Help

```
E C A R E C J A G T P Z P
T V O R O S N O P S E D Z
A L C T D F A S Y I A N E
T I R M M E E B L S L U S
I F E S I B D D L S A F A
L T D T O N M R I A S B E
I A L C A E I S V V E T R
C F I T G D S S W T O H A
A I S D B E O U T L U R B
F N I U L B Q M P E Q C P
S G Q D B P K V M P R R B
C E A P T S O O B O O A J
C R R X B O R T K P C R I
C B G V A P A R U K I C T
L E M O E X R P I K T U A
```

ABET	EASE	PROP UP
ACCOM-MODATE	FACILITATE	PROVIDE FOR
	FUND	SERVE
ASSIST		
	HEAL	SPONSOR
BACK		
	LIFT A FINGER	STAND BY
BOOST		
	MINISTER	SUPPORT
CRADLE		

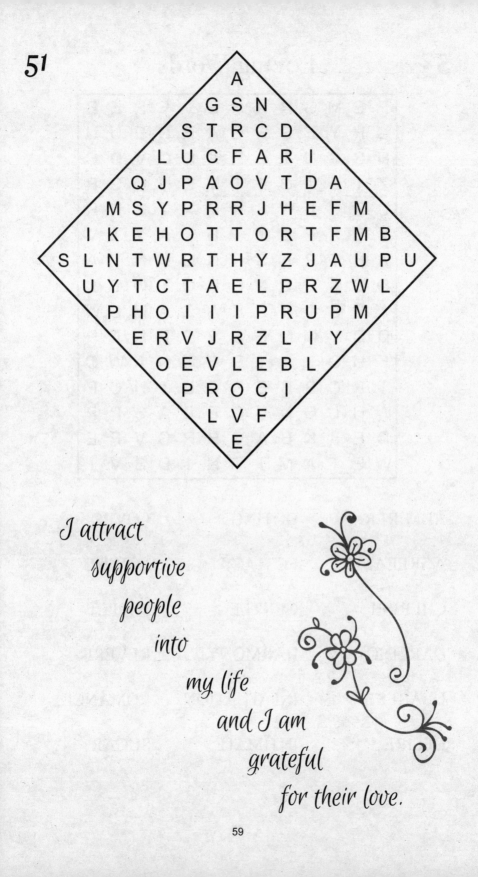

```
                A
              G   S
            N
          S   R   C   D
        L   U   C   F   A   R   I
      Q   J   P   A   O   V   T   D   A
    M   S   Y   P   R   R   J   H   E   F   M
  I   K   E   H   O   T   T   O   R   T   F   M   B
S   L   N   T   W   R   T   H   Y   Z   J   A   U   P   U
  U   Y   T   C   T   A   E   L   P   R   Z   W   L
    P   H   O   I   I   I   P   R   U   P   M
      E   R   V   J   R   Z   L   I   Y
        O   E   V   L   E   B   L
          P   R   O   C   I
            L   V   F
                E
```

I attract
supportive
people
into
my life
and I am
grateful
for their love.

Loving Words

```
F E M G R X R E V E R E B
G H Y E S U G A R N E U U
H S G N I L R A D O V D C
Z I E T G F T M E I O G R
U R C L W S N R X T L N R
I E S E E Y I E I A Y I V
A H T R F S C N G U N V A
O C A B E N G R O T O O L
W E S D A S E W Z A M L W
D D Y M M E S V P F R F P
F U O I A I B E X N A W O
T R C B B E R C U I H C P
W H L G N U G E B A S P P
D E J K B A G B R C V F E
W E T A M I T N I D S V T
```

ADMIRER	DOTING	LOVER
AGREEABLE	ECSTASY	LOVING
CHERISH	GENTLE	POPPET
DARLING	HARMONY	REVERE
DEAREST	INFATUATION	ROMANCE
DESIRE	INTIMATE	SUGAR

U O E R K
H S T C E E Q
L N G E N C M F B
Q T O A V E E Z Q I C
A I T N R I I M O J L
J N N D E R V Q O W D
V M E I S E I J Q F L
N Y P A E P N T U O Y
E O M D X G O V K
U A I E I E H
J Q R T F

I deserve to
experience
love
in my
life
and I am
open to
receiving it.

```
N R O B W E N F N E A T N
I N O I T I D E W E N N E
H E W E N E W J E R S E Y
L W E G O L N E W E N M R
E N N U I C I D N Z N A E
D E Y N D H I E H P E T V
W W E I D X W X N S W S I
E N A N E W S R E A D E R
N E W G A T E R W M B T W
S S B V Y N E W Y Y W W E
D S E D N A L A E Z W E N
N E W U N E W H A V E N N
N E W A M S T E R D A M F
A E I C T S E R O F W E N
N F E L T S A C W E N E W
```

NEW AMSTER- DAM	NEW MEXICO	NEWBORN
	NEW RIVER	NEWCASTLE
NEW DELHI		
	NEW TESTAMENT	NEWGATE
NEW EDITION		
		NEWHAVEN
NEW FOREST	NEW WAVE	
		NEWNESS
NEW JERSEY	NEW YEAR	
		NEWSREADER
NEW LINE	NEW ZEALAND	

```
              T
          W   S S
M A     Z A P       Q M
Y N K S J P I A V A C
  D O D R E H U I T
  L I R Z H S A R T
V Z O Z A C T N C E R B P
P V I V E W C D O K L A G H D
A B I P R M R I J E C M P
  N N O D E T M A T
  G V F J A A T S N
F E T E H D L Q E E U
E L     Y Y E     W M
          Q T R
              O
```

*I release
the past
and move
forwards,
ready to
attract new
and loving
relationships.*

Good

```
Y L F T O T I B L S H F R
H U A A F B T R U G I E Q
T F S Y N H E O K R S L M
L T C E G T L D S I G I D
A H Y I G U A T I N A H L
E G R L B A C S I E S W A
H I E A E L D D T E N H I
T L F E A V N E R I G T C
A E G S A A O E Q A C R I
E D S E T E R L H U W O F
R R E S U P E R B E A W E
G S T E C I N Y R E V T N
A U L A N O I T P E C X E
O C O M M E N D A B L E B
D Y R O T C A F S I T A S
```

ADEQUATE	FANTASTIC	OUTSTANDING
BENEFICIAL	FIRST-CLASS	RIGHT
COMMEND-ABLE	GREAT	SATIS-FACTORY
	HEALTHY	
DELIGHTFUL		SUPERB
	LOVELY	
EXCEPTIONAL		VERY NICE
	OBEDIENT	
FABULOUS		WORTHWHILE

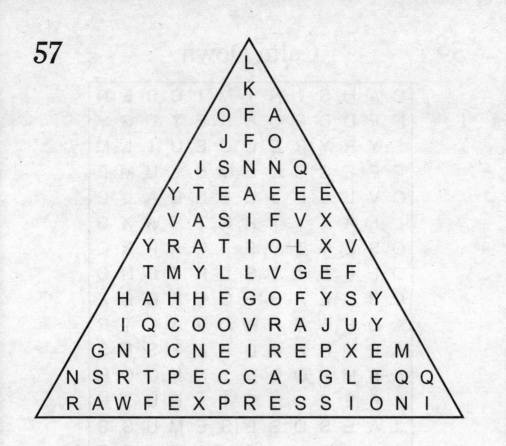

```
                    L
                    K
              O  F     A
              J  F     O
              J  S  N  N  Q
           Y  T  E  A  E  E
           V  A  S  I  F  V  X
           Y  R  A  T  I  O  L  X  V
           T  M  Y  L  L  V  G  E  F
        H  A  H  H  F  G  O  F  Y  S  Y
        I  Q  C  O  O  V  R  A  J  U  Y
     G  N  I  C  N  E  I  R  E  P  X  E  M
     N  S  R  T  P  E  C  C  A  I  G  L  E  Q  Q
     R  A  W  F  E  X  P  R  E  S  S  I  O  N  I
```

I accept
myself as
I am, as an
expression
of love,
experiencing
a rich life
on earth.

Calm Down

```
C A H S I N I M I D P E N
N F D D P C K R E Y C G V
F Y R Y R E D U E U I L M
F P E S O O G M D L U M E
O V L E P J H E N E A L C
L L A T I Y R K T H W X G
O S E T T Y F I C A P R D
O L L L I T S L R E B N O
C B O E A S E O F F O E X
A O F W T F W D V A C T R
A E M N E Y D A E T S F S
A S M P O R V I N F Q O H
F R E C O N C I L E U S H
J W E S Q S E S E M U S S
Q U E S W A E L W H C P E
```

COMPOSE	LOWER	RELAX
COOL OFF	PACIFY	SETTLE
DEFUSE	PROPITIATE	SOFTEN
DIMINISH	REBATE	STEADY
EASE OFF	RECONCILE	STILL
HUSH	REDUCE	WANE

```
        T G G W
    V M E H Z Q O G
  M K C E G A S F E U
S L S I A J M T F W Z P
H A J C S W R O I Z S K
I L L F A H T R L T T N F V
P K D A E T M O W Q O I F C
U L J U A E S Z D W E L S J
D A U M T E J P I A E W R N
M A O M C R N F S Y F J
  I Q H D A G J Y S A H T
  M P C E U M C R B A
    G S P E R E L V
        B J G R
```

Today
I am at
peace,
knowing
that it is
safe
for me to
be myself.

SWEET...

```
I U C P U N A K E A R R V
M U G P E L O S K U S E M
R A E E M P M T S F E T U
E A R O H D P O H U S A Y
D I N J R D J E E I G W J
I D P E O N O I R H N A Y
C A A O V R E U R F E G R
D M E A T S A G Y R H N S
S R N K O A C M N Y M W I
I Y E E I S T E H E A R T
O S Y O E B I O N L V T E
E E B P P T C R I T O E J
Y R R E H C X B H O E U R
H C A R E L Y I T F E D U
R Y L E C I C H S O R L U
```

ALMOND	HEART	REVENGE
AS SUGAR	MARJORAM	SCENTED
CHERRY	MEATS	SHERRY
CICELY	NOTHINGS	SIXTEEN
CIDER	PEPPER	TOOTH
DREAMS	POTATO	WATER

I deserve
unconditional
love and
respect
and I feel
good about
myself just
as I am.

Things We Love

```
E T A L O C O H C N P W J
B D T M I C J U T U H W S
G U L Y R E S T Z F Z J L
M G T N O I C Z Q C K E L
C N F T S L L A H E Y L E
I I R Q E E D I R N D L B
S C I T S R L M N O P Y H
U N E E I D F A O O L X G
M A D Z R U R L E V Q S I
I D O E R G R T I D I Q E
E T N F J X R F T E D E L
L Y I E A Y Z W K C S C S
S G O D T O H I N P U K H
G B N V F G N I H G U A L
D C S H C A E B E H T I B
```

BUTTERFLIES	FRUIT	OLD MOVIES
CAROLS	GRANNY	POETRY
CHILDREN	HOT DOGS	PUZZLES
CHOCOLATE	JELLY	ROSES
DANCING	LAUGHING	SLEIGH BELLS
FRIED ONIONS	MUSIC	THE BEACH

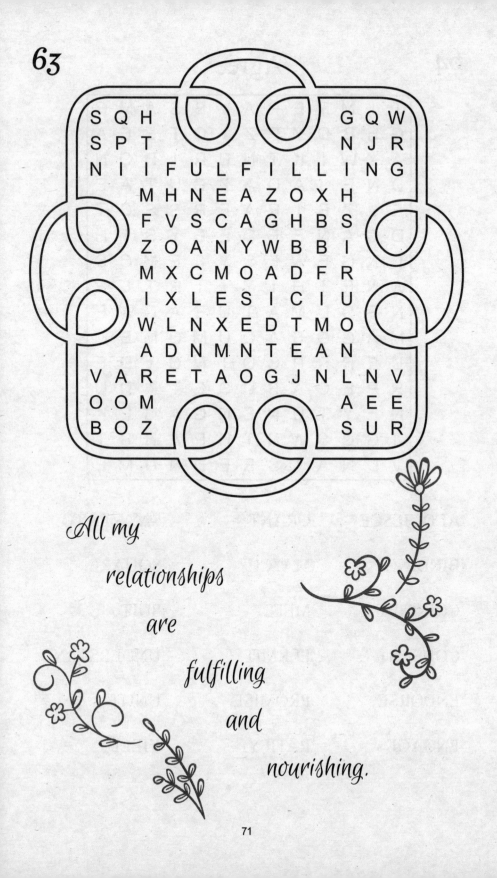

```
S Q H              G Q W
S P T              N J R
N I I F U L F I L L I N G
  M H N E A Z O X H
  F V S C A G H B S
  Z O A N Y W B B I
  M X C M O A D F R
  I X L E S I C I U
  W L N X E D T M O
  A D N M N T E A N
V A R E T A O G J N L N V
O O M              A E E
B O Z              S U R
```

All my

relationships

are

fulfilling

and

nourishing.

64   Agree

```
T I M R E P A V B S A M R
G H B D Y P Z I Q T E E A
A Y W I K T N U R I D O N
D N E J A D A Z C U T A E
E L Z B I R A F R S S C T
D G A N E F D E E Y S I H
E K G E W F S Y F E M C S
W N E I H I Y I I R T L E
N F D U M A T U E A C W E
M A G O S A Q U M O M E M
U E R R R C O I N C I D E
R P E G A S U S E T I N U
N E Y T U N E N G A G E K
J G C S W N T H P A H S T
V D N A T S R E D N U M E
```

ACQUIESCE	GRANT	SAY YES TO
BINDING	MATCH	SQUARE
COINCIDE	MEET	SUIT
CONSENT	PERMIT	UNDERSTAND
ENDORSE	PROMISE	UNITE
ENGAGE	RATIFY	YIELD

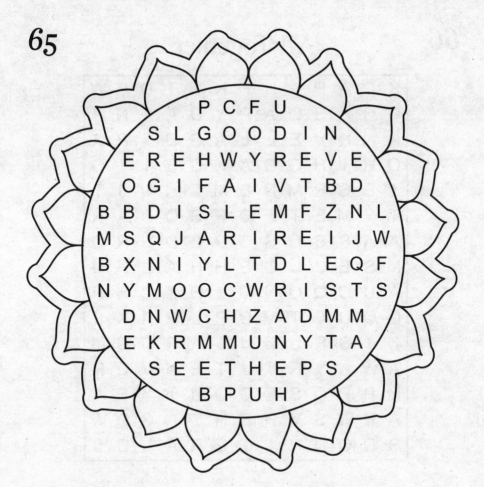

```
      P C F U
  S L G O O D I N
  E R E H W Y R E V E
  O G I F A I V T B D
B B D I S L E M F Z N L
M S Q J A R I R E I J W
B X N I Y L T D L E Q F
N Y M O O C W R I S T S
  D N W C H Z A D M M
  E K R M M U N Y T A
  S E E T H E P S
      B P U H
```

I always
see the
good in
everyone
I meet,
everywhere
I go.

All Together

```
K C A P A R F N E T D E W
G C A S O A P Y D A E N P
N N N V E E L A G D T P X
O H I H G B A K C E I T O
I E S R M N E M C H N J T
T Y M E T E O F S O U A R
A A S B C S O R L D L R O
M S E J U O E H H A L F U
A U C Q O N M I O T C H P
G O U L T M D P L R R K E
L I S R U C U L A R D G M
A W A Y R T J T E N M E R
M P R O S E C O U T Y F A
A K W S V R E H T A G D W
S D Q U N I T E R A L C S
```

AMALGA- MATION	FLOCK	SHEAF
	GATHER	STRING
ASSEMBLY		
	HORDE	SWARM
BUNDLE		
	MUTUAL	THRONG
CLUTCH		
	PACK	TROUPE
COMPANY		
	PARTNERSHIP	UNITED
CROWD		

```
I P P M        A P W Y
O Q W B C R    F Z B Z T A
K L W I T H O T H E R S R Y M
Q G A N D M U T U A L E V M G
M Y R E L A T I O N S H I P S
O J O D L D S H B T R R R S D
T W H N L N F D R Y H G G D T
R F D T B W O H I H A B L
O B F R N U Q X T M I
P S G U T S E B U
P K M S L Z B
U I R T D
S K N
A
```

My relationships
with others
are strong
and built
on trust
and mutual
support.

Spring

```
M V D H S P R I N G B U C
C N E E R G O Y E A P K A
S A V R T D V R T G O T L
M B T E D W W U D S G C V
O M E E N A L W Y W U S E
R D A J R I N B N C O G S
C G W M P P L T K E S N O
O Y T S U U I O A W S R S
E H N C E E O L A N H T U
I B S B Y C K L L S E A S
M U E B M L L W T A H Y H
A L M A M O E O C E R B A
L K R N W A O C R L N G B
A C R S H H L C B U R F Y
H C Y H S N E W L I F E O
```

BLUEBELL	GUSTY	SNOWDROP
CALVES	LAMBS	SPRING
CATERPILLAR	MARCH	SWALLOWS
CUCKOO	NESTS	TULIPS
EGGS	NEW LIFE	VERDANT
GREEN	SHOOTS	WARMTH

Work and Career

Ever heard someone say the power of change lies in your hands? Well, the power of your mind and emotions really does lie with you and there are many ways to harness that power and gain material, personal, and emotional wealth with that beautiful brain of yours. We all have aspirations when it comes to our jobs. You may wish to be in a different position, workplace, or career. You may wish to improve the relationship you have with your colleagues or strengthen your presence in the workplace. Each of these changes are possible by reflecting on your work mindset and removing any self-limiting beliefs you may have.

Be gentle with yourself: suspend self-doubt, believe in your capabilities a little more, and stop worrying so much about not being where you want to be. Even if you don't enjoy your job, try to find something you like about it and begin appreciating the experiences it is allowing you to live. After all, even a bad experience can teach you a good lesson.

The position you want, the job you desire, the raise you're wishing for are all within reach if you know which path you need to take. Affirming what your skills are, what work you'd like to do, and what workplace you envision for yourself will help you to attract the situation you are seeking. Envisioning yourself achieving your goals provides motivation and perspective—both will help you to establish a path forward.

Manifest a positive professional life with the affirmations that follow.

Adventurous

```
C I S U O T I U T R O F N
O N D T E T C H A N C Y G
E T I E J S G U Z S W O E
Y R A E P N V V U D D U H
K E R O I N X O S E E T S
C P F R B E I S T M N G I
U I A S D R E R R E M O L
L D N I A L A R E S T I O
P O U C K E U O Z O A N O
K N E C H H U M X J W G F
B R E N H A Z A R D O U S
P R O L U F T N E V E E S
M I A Y N I A T R E C N U
L S E V D S P I R I T E D
Z J O C E E S C I O R E H
```

BRAVE

CHANCY

DARING

EVENTFUL

FOOLISH

FORTUITOUS

HAZARDOUS

HEROIC

INTREPID

LION-
    HEARTED

OUTGOING

PLUCKY

PRECARIOUS

RECKLESS

ROMANTIC

SPIRITED

UNAFRAID

UNCERTAIN

```
K M B     P J A
H P M J G W O
N U M A N Q Z Z R
H W Y T H I N G S A R E W
Q O R H V D V B R D V E A
H A P P E N I N G W X R G
X L G C A J L P C N Z
O P P O R T U N I T I E S
Y Y S E J A C T A I Q O J
C I N M Y L I F E L Q S A
O P E N T O N E W
Y G B R T J F
C S Q     P O E
```

Exciting

things are

happening

in my life

and I am

open to new

opportunities.

Intelligence

```
G L D E S R E V L L E W P
N U H E L B I S N E S J W
I D E D A E H R A E L C G
N N I Z P H F P E G E J N
R E O R J R H A T E G S I
E M C I E I A E U N D F D
C U S K T V B H T I E T N
S C B S G A E Q S U L H A
I A X R E I N L A S W O T
D B R A I N Y I C W O U S
B H A Q K G E R G W N G R
C W L S F N H T X A K H E
K J B D E R O T U T M T D
Z D C H I T J F Z C H I N
J D E T A C U D E Y A U U
```

ACUMEN	CLEVER	SENSIBLE
ACUTENESS	DISCERNING	SHARP
ASTUTE	EDUCATED	THOUGHT
BRAINY	GENIUS	TUTORED
BRIGHT	IMAGINATION	UNDER-STANDING
CLEAR-HEADED	KNOWLEDGE	WELL-VERSED

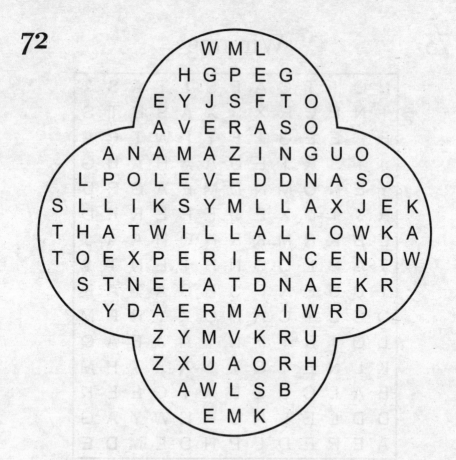

```
      W M L
      H G P E G
    E Y J S F T O
    A V E R A S O
  A N A M A Z I N G U O
  L P O L E V E D D N A S O
S L L I K S Y M L L A X J E K
T H A T W I L L A L L O W K A
T O E X P E R I E N C E N D W
  S T N E L A T D N A E K R
  Y D A E R M A I W R D
      Z Y M V K R U
      Z X U A O R H
      A W L S B
      E M K
```

I am ready
to experience
an amazing
new role
that will allow
me to use
and develop
all my skills
and talents.

Winning

```
N O I T C A F S I T A S A
I N F C R X R X A S D T S
F R E E G I F T L W T R A
J I S R T E U A A H A H G
Y E N O M N D M E A G R D
R J T D X E O F P E R K D
E B K R M K R H O H A A J
T A P L O O N H T E N T I
T C U E N P S E C A T A K
O C C T C H H O X Y R P M
L O I R I H N Y A J E A Q
K L N E I Q T L A Z T H M
E A L C U Z E A I C E E K
D D L E L R J R H W Y A G
A E R E D L P H D E M D E
```

ACCOLADE	GRANT	PRIZE
AHEAD	LOTTERY	RELAY
AT THE FRONT	MARATHON	SATISFACTION
AWARD	MATCH	SHIELD
CONQUER	MEDALS	TRIUMPH
FREE GIFT	MONEY	TROPHY

```
R S X J T
O B Y S Q F K
L B R I N G I N G
E T H E R I G H T L G
T O W A R D S M E A W
F Y E H T T A H T X T
U N I V E R S E I S Q
D Y P Z X N D K I Z L
R I G H T N O W R
X J W O B X J
K W W T S
```

I know
that the
universe is
bringing
the right
role
towards me
right now.

Bright

```
T Z O N K Y R E I F Q L X
N C P R X V J M W L I O X
E H A R S H B T R G Q T O
C T X V M Y W O H S S D U
S E N G L I T T E R I N G
E B J C I S G U I N L L N
D M P P O I O X T R V A I
N X X M E E D E A D E L M
A G S S T L N E I K R U A
C A U Y A S L V T N Y S E
N R N V E C I U F K X T B
I I N C T V C N C M K R J
E S Y E G W G N U I E O T
L H D S G L U R I D D U B
G N I N E T S I L G S S R
```

BEAMING

CLEAR

FIERY

GARISH

GLISTENING

GLITTERING

HARSH

INCAN-
   DESCENT

INTENSE

LIGHT

LURID

LUSTROUS

PELLUCID

SHOWY

SILVERY

STARK

SUNNY

VIVID

```
        M           U
      Z E Z W F   J T
      T I O Z A E H
    S E C N E I R E P X E
    L Z N E T Y A E F R C Y M
    M O F O Z T L P L D N
    Y F R A V S E A Y O L
    N O E L P Z A S I C P
    B E X P L N S D T W O L K
    C I E M I T I W U R R
      H Y Q S N O I
      T H O O G R K
        P           K
```

All my
past work
experiences
are leading
me into
the perfect
position
now.

Clever Things

```
P D N T H G I R B A R V T
D G L I R A I S A Y D R D
T N A N M D D G E I E D X
N I K E S E K V E L E R M
E W I G L R X A A N D U E
I O E L Z O C P I B I C H
P N I V E T B A E J F U O
A K F V I U R C N R J X S
S D M A S T E R L Y T T U
T A C C O M P L I S H E D
P S P H V A R E K M C A N
E T R E S O U R C E F U L
D U A D D Y D A E R Y M S
A T H I B R A G H T E W N
T E S C H E M I N G A P P
```

ACCOM- PLISHED	GENIUS	SAPIENT
ADEPT	KNOWING	SCHEMING
ALERT	MASTERLY	SHARP
ASTUTE	PERCEPTIVE	SKILLED
BRIGHT	READY	TRAINED
EXPERT	RESOURCEFUL	TUTORED

```
        O   . . . .   O
      .   Y B I I D   .
    .   F F R Y Y F D   .
  .   G I F A E T V N P   .
 O  . I E N J O Y V H Y I B .  O
  .   E P S I C T Y E O C F   .
  .   J V P R E S E I E S T   .
  .   L Y I K O B B T W M E   .
  .   X S R G V S R M E U G   .
 O  .   Z E P R U I M Y V   .  O
    .   D N U O R A K   .
      .   E A Y D K   .
        O   . . . .   O
```

I enjoy

being

inspired

by those

around

me every

day.

```
E K I L I D N A N P Z G H
T E V I T N E C N I W V T
A A I U W Z I C E J L K M
G O N E O P R O V O K E E
I R D E N P X A I Z Q V E
T R U L S C A Y L S O X N
S E C D I S O U N M M E I
N V E N R R E U E E T X O
I I A I U T Y Q R A F S T
C V Z K A T A O V A T G L
I E E M C P Y I A I G P K
J M I C Y M T K N H S E S
C N P D A O I G T E M P T
A D U E M R A L L Y F J Y
X U G R L P B R E E H C E
```

ANIMATE	INCENTIVE	PROMPT
BRACE	INDUCE	PROVOKE
CHEER	INSTIGATE	RALLY
ENCOURAGE	KINDLE	REVIVE
ENLIVEN	MOTIVATE	STING
IMPEL	MOVE	TEMPT

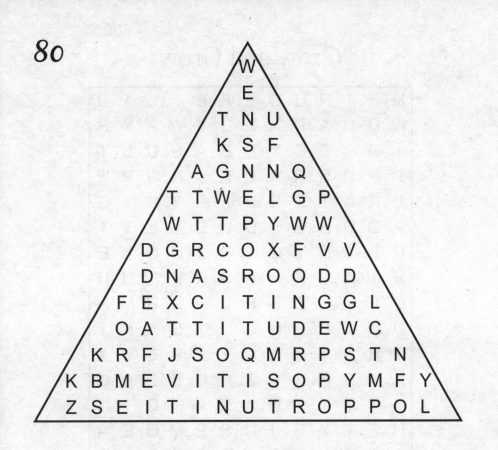

```
                    W
                    E
              T     N     U
              K     S     F
           A  G     N     N  Q
           T  T  W  E     L  G  P
           W  T  T  P  Y  W  W
        D  G  R  C  O  X  F  V  V
        D  N  A  S  R  O  O  D  D
     F  E  X  C  I  T  I  N  G  G  L
     O  A  T  T  I  T  U  D  E  W  C
     K  R  F  J  S  O  Q  M  R  P  S  T  N
  K  B  M  E  V  I  T  I  S  O  P  Y  M  F  Y
  Z  S  E  I  T  I  N  U  T  R  O  P  P  O  L
```

My positive attitude opens new doors and attracts exciting opportunities for me.

Grow and Grow

```
H S I R U O L F E L L I D
W D N A P X E J J W A Y R
I D C E C T D B A E U L T
F P U E R A E R L N G P H
L R A I S E P F E Y M I G
A O D B G S U D E Y E T I
R L V N Y O I P J U N L E
E I A E R W U S R P T U H
O F N K C E E C W H B M N
U E C C G M C D I E A P I
T R E I R A N T I E L V A
C A G H S E Z H G B L L G
A T D T T D A R A K O I N
H E T X E J U S E M O E A
E Z E N B S V E E S N I G
```

ACCRUE	FLARE OUT	RAISE
ADVANCE	FLOURISH	SPRAWL
AUGMENT	GAIN HEIGHT	SURGE
BALLOON	INCREASE	SWELL
EXPAND	MULTIPLY	THICKEN
EXTEND	PROLIFERATE	WIDEN

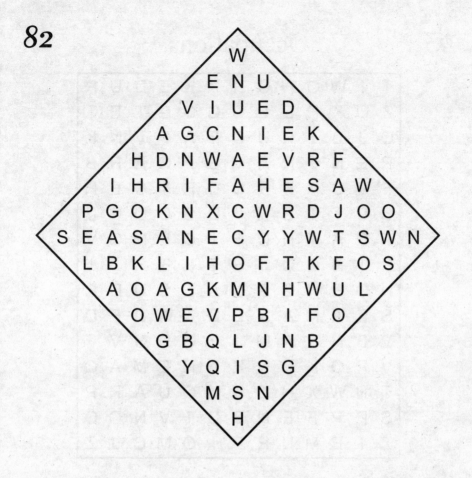

```
              W
            E U N
          V I U E D
        A G C N I E K
      H D N W A E V R F
    I H R I F A H E S A W
  P G O K N X C W R D J O O
S E A S A N E C Y Y W T S W N
  L B K L I H O F T K F O S
    A O A G K M N H W U L
      O W E V P B I F O
        G B Q L J N B
          Y Q I S G
            M S N
              H
```

I have everything I need to accomplish my goals, beginning now.

Occupations

```
T I W O W O H Y K E D U R
Z O K R E L C C Q G T E T
Q J L I K U C E A F V N K
R E N I R A M B F O A R B
F V C A P R U C R T C E R
C U T T E R J D S O O G E
A O A T N D I I O E M G V
R I R O U J S T E R B I I
N O R N G S U A E S U D R
S E A M A N E D R W D E D
V B H P A M J F G D S V F
V P O K F N K A R E M A Q
T H W X H L U L Q U A R P
S P P F E N B D I V N G O
Z I E M U R F I O M C J Z
```

AIRMAN	CUTTER	MILKMAN
BOXER	DRIVER	OMBUDSMAN
CAPTAIN	DROVER	PILOT
CLERK	GRAVEDIGGER	SEAMAN
COACH	JUDGE	SHOP ASSISTANT
CURATOR	MARINER	SORTER

```
              D
          L V C
        A S  Z M P   P X
        P V A Y H Z E F I U H
        A S T F Q U T Y R
        K S F I A B J O S
      J R W O S D S X F C U B D
      O O B H P E I A F Z S E N R K
      B S I D R E O E Y X M T J
        C X V J S N O I Y
        H A S L W O S C N
        X H X W P O Z I E Q G
        I C  F L R   O A
              I L L
              A
```

I have a
satisfying
job
which
allows
me to
pursue my
passions.

Hello

```
C S I Y H O L L O A G O V
E N C A Z M L R J A D A E
G O Z D R A V O D U W U P
O I H D C R S D O G F W F
O T U O X A O Y R A T I J
D A H O W G O E S I T I A
T T D G Z D E S E L V E D
O U T J W T Y B I F V B R
S L T O I D O O Y L S V A
E A H N S N A M A S T E T
E S G U J A A S T O Y M A
Y S L O B H L G M P V W N
O E U M D A B A H R E M O
U R N T E M O L A H S O B
I K I E V S E Q K M O N Y
```

BONA TARDA

BONJOUR

GODDAG

GOOD DAY

GOOD TO SEE
 YOU

GREETINGS

HOLLOA

HOW GOES IT

HOW-DO-YOU-
 DO

HOWDY

MERHABA

NAMASTE

SALAAM

SALUTATIONS

SALVE

SHALOM

SVEIKI

ZDRAVO

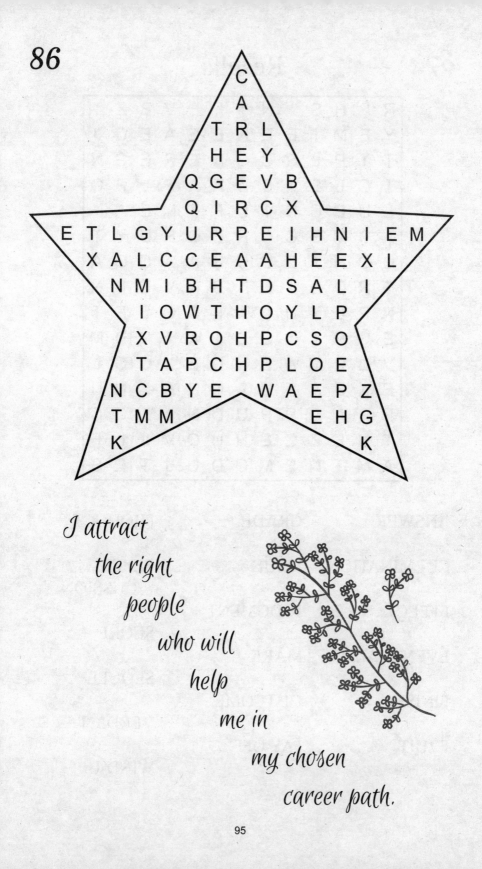

I attract
the right
people
who will
help
me in
my chosen
career path.

```
R P H S I N I F E V B Z T
Y E M I E E K E E A E C J
T T P L S C O R E R E G N
I C L E T S D A A F L P O
L U E C R I U F F M E A I
A D M B C C R E O R U Y T
U O N T D U U U A A Q O A
T R D E I L T S N V E F N
N P E T U C W F S O S F I
E G R I O O S I W I P D M
V L R M W E N U E L O C L
E K E A F U A N R A Z N U
P P A O D P U D N I W O C
T U E Z Z E H U Q V L L F
A M T N E M G D U J T E S
```

ANSWER	GRADE	PRODUCT
CULMINATION	ISSUE	REPER-CUSSION
EFFECT	JUDGMENT	SCORE
EVENTUALITY	MARK	SEQUEL
FINISH	OUTCOME	VERDICT
FRUIT	PAY-OFF	WIND-UP

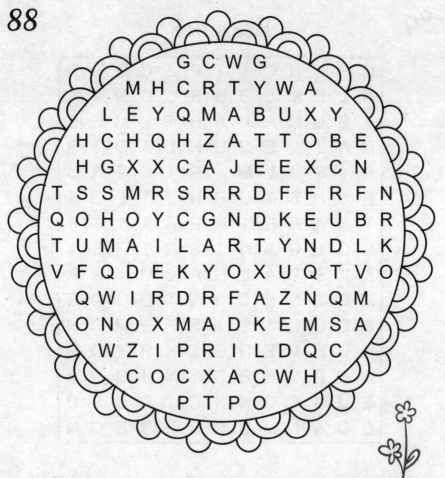

```
      G C W G
    M H C R T Y W A
    L E Y Q M A B U X Y
  H C H Q H Z A T T O B E
  H G X X C A J E E X C N
  T S S M R S R R D F F R F N
  Q O H O Y C G N D K E U B R
  T U M A I L A R T Y N D L K
  V F Q D E K Y O X U Q T V O
  Q W I R D R F A Z N Q M
  O N O X M A D K E M S A
    W Z I P R I L D Q C
    C O C X A C W H
      P T P O
```

I am

grateful

to be

paid for

my hard

work and

talent.

Brainbox

```
D R I N O I T P E C R E P
N L E M L S U B C O N X A
I S U M A L A H T L M E E
M W I L E G U N L A D T B
R I S J L M I R T P E R U
E S U S T U B N J T L O S
T N A E E T K E A I I C E
S G L G N N T S R T R E V
A F E P A L D A C U I R R
M C Z N E C G W T D U O E
B G U S I S I S E E M C N
K U N M E U E T K R Y D E
W E P Y E B S Y Y J H M B
S U B C O N S C I O U S U
C O W L M U R B E R E C N
```

ACUMEN	IMAGINATION	SAGACITY
APTITUDE	LOBES	SENSE
CEREBRUM	MASTERMIND	SHREWDNESS
CORTEX	NERVES	SKULL
DELIRIUM	PERCEPTION	SUBCON-SCIOUS
GENIUS	REMEMBER	
		THALAMUS

```
        W N N
      S P H F C J N
    A A J I G V A W T
    Z E T G N X Y E R G L
    L V I J Q M L C T E T
  G V R S P H L Z U D X E E
  U I E F G P X U N B Z X R
  S N S Y A L U A U M C G M
    V E I G Q L Y Z I C S
    I D N Q L D F T H L T
    I G C K S I A I I
      S D Y N K V Q
        G F I
```

I deserve a satisfying, well-paid and exciting career.

Ample

```
H G U O N E V Q C O V U R
L L E G I O N A O O A E V
A B L S C E P S L B R E G
V E R O L A G U O P L I P
I A D O C T M U L B B R S
S U J I A I N E A Y O S D
H N O J N D N R R F P U O
T U I O I T E E U L T O O
S X U N I D V S E S E R L
T S G F I D E T G E E E F
O Y U S C F H S T M M N A
E L N J I O E A S E I E A
H O V E R F L O W I N G B
C Q K I C R C D Z E G G L
R H C P D E T N I T S N U
```

ABOUNDING	GALORE	PLETHORIC
BROAD	GENEROUS	PROFUSE
CAPACIOUS	LAVISH	TEEMING
CONSIDER-ABLE	LEGION	UNSTINTED
ENOUGH	OVER-FLOWING	VERY BIG
FLOODS	PLENTIFUL	VOLUMINOUS

Money and Prosperity

Money makes the world go round and there is plenty you can do to ensure you get your share of it. By focusing on the presence of money in the world rather than the lack of it, you too can manifest abundance and prosperity for yourself. It's okay to get anxious about finances and feel as if you cannot escape money worries, but you must not let those feelings overpower your outlook on life. Do not let it get in the way of the opportunities it can provide. Explore any negative feelings you may have about money and make an active decision to release them through affirmations. Remind yourself that the barriers you think are limiting your income are not physical and can be dismantled through careful planning and a proactive approach.

Just as you're capable of attracting the right partner and progressing in your professional life, you also hold the power to direct wealth and prosperity to yourself. Some simple and easy tips to do this include applying gratitude for what you already have and setting out your intentions for income in the near and distant future. Affirming your current situation and appreciating how you have benefited from it is a great place to start. While manifesting is not a fix-all solution, it's a fantastic way to change your mindset so that you can take the actions needed to create and take opportunities that could prove prosperous.

Make use of the following affirmations to begin your journey towards more money and prosperity.

Ability

```
B A F S L E G P B M W F M
O R D A W W D J O O A S A
T E Y E C Y G U L W S F S
N M G I X U P A T E E M T
E J R P H T L R N I I R E
L E E H R M E T O V T O R
A S N F R O F R Y W I P Y
T I E B A E P O I N E C A
A T E C D C G E G T A S S
P R O F I C I E N C Y U S
E E R J P U N L I S I C T
N P V L E U Z F I N I O U
E X E D I K F S E T U T K
L E M T Z E V G Y C Y Q Y
E I Y E R A W O H W O N K
```

APTITUDE	FACILITY	POWER
DEFTNESS	FACULTY	PROFICIENCY
DEXTERITY	GENIUS	PROPENSITY
EFFICACY	INGENUITY	PROWESS
ENERGY	KNOW-HOW	TALENT
EXPERTISE	MASTERY	TOUCH

```
Z M L               S H D
Y M Y               B Y O
H F O G W A H K T O A O E
  R H O E I L E W C
  H E L A Y K G E K
  O T A I L Q N T F
  L L R C N S A C R
  D D D D H O C Z O
  M U Z Q J I T Q M
  E Y M W N R N H W
T K M M N I K T O G I L V
Q N X               L N D
I U F               P N G
```

Nothing
   can get
      in my
         way
            or hold me
               back from
                  reaching
                     my goals.

Carnival

```
D R A M S E B E D A R A P
I P T S Y C C C U S M S S
G R M N T N L C B R V E E
E O Y O I R I O O E L J T
V C K T R H E N W C P S M
A E S A A M L E Y N E P A
T S E B H T U C T A S O J
S S S L C S R Z C D R L O
E I R W H O C U W M S I R
I O O V T T C M C D R C E
F N H O E S Z I R K S E T
H G M G N P G A S D S G T
S M U R D S W A N U W A E
T O A O N A Z A L H M G S
N R A T E S B E D F A R R
```

AWARDS	DRUMS	MUSIC
BANDS	FIESTA	PARADE
BATONS	FLAGS	POLICE
CHARITY	HORSES	PROCESSION
CLOWNS	MAJORETTES	STREET
DANCERS	MOTOR-CYCLES	TRUCKS

```
  W J I N I
  W F O P D S O
Q O I Y R M Y F M
D M N L O O T T A M F
R I D L D S J H I G U
F G E E V P R D Y A D
Q I R D N E O R N T M
P E F W F R A N E A L
  N U I V I C N K O
  L T R T H G G
  H P Y Z N
```

I am
worthy
of a
wonderful
life,
filled with
prosperity
and joy.

Money

```
P I R E C N A T T I P K Y
O E N R I C H E S T E O C
E P T T J M H H E N A M N
S N B T E J E A C A P N E
S H Y C Y R B A N R C O R
G C N T Y C E T N G K T R
N T A V I Q A S T S E E U
I B B Y Q R N S T C A S C
V U P V T O E Z H D T W G
A D W T I E K P Y E E A R
S U B S I D Y M S A A E S
H K N O N M O S L O D N E
E E A E B N A T S R R T E
P O N R E J H J O B D P S
O K F Y P A Y M E N T W O
```

ASSETS	NOTES	PROSPERITY
CHANGE	ORDER	READY MONEY
CURRENCY	PAYMENT	RICHES
GRANT	PENSION	SAVINGS
INTEREST	PETTY CASH	SUBSIDY
MEANS	PITTANCE	WEALTH

```
        I K K L I
    L L S P Y C W J I
  C O S F C G B G I R R
  V I D Z K D U W V Q X
E N A E K A M I E A G J T
Q P G G W D D E R A G N T
V C S N U G E O W J E X H
F E G I R I L W I L A W A
Y I A V E X M Q L N A A T
A J I M D I E T R G E
T O L F N C U C Q N M
  B C G X I Q T J R
        E J R I D
```

I make an

excellent

living

doing

a job

that

I love.

Ready

```
W E L L S D E S O P S I D
E J A O E O D B R A C E D
L V W S E E T D R R G U Q
A B I A A I I R A E N S N
A O G E M P A M K O I Z C
P E A E A N L H T R N T F
R E L R G L E K I O R W X
F Y R E I G S F I X E D J
P J D C V G B P L Q C H K
T R D T E Q G U E D S C T
O T I P C P N E O E I R P
O E Z M P K T N D U D A E
S U J O E E E I Q O P Y N
D E Q R F D D R V Y U L E
E J T P U D E R A E G T E
```

ARRANGED	FIXED	QUICK
BRACED	GEARED UP	RAPID
DISCERNING	PERCEPTIVE	RIGGED OUT
DISPOSED	POISED	SET
DONE	PRIMED	SPEEDY
EAGER	PROMPT	TIMELY

```
    Z U X   S Q A
    T A W J L Y U
    D H Y G M Z V P D
  H A S E V L E S M E H T K
  Y T P R O S P E R I T Y D
  I I S B M U Y O I K N N O
    J W E W E P J P Z A M
    Z Q H N F A V G M H O F Y
    E A R Q X I I E T O G S G
    O F A L K O N L R C K M X
      I W M P A A M Y F
      L M E J F M E
      N W O   L U H
```

Wealth and
prosperity
manifest
themselves
in my
life
every
day.

Significant

```
Q C G R V D K C R B W G E
L N Z M E J F N A S N A V
L A I K J I V C Z O A W E
L U R F B L P U R B U Z N
Z A F G O C L T V J U G T
M O T R E R S A X W L N F
A A M O E Q E H R B E I U
E D O I V W S M H T Q S L
F J M E N I O A O Q N S C
L O F T Y O P P L S T E R
Q T N E G R U W F I T R C
V N G D E C I S I V E P T
E M I T G I B V O B H N W
N F M F E M I R P Q U B T
H L A I T N E U L F N I O
```

BIG-TIME	LARGE	POWERFUL
CENTRAL	LOFTY	PRESSING
DECISIVE	MARKED	PRIME
EVENTFUL	OMINOUS	SALIENT
FOREMOST	PIVOTAL	STRONG
INFLUENTIAL	POTENT	URGENT

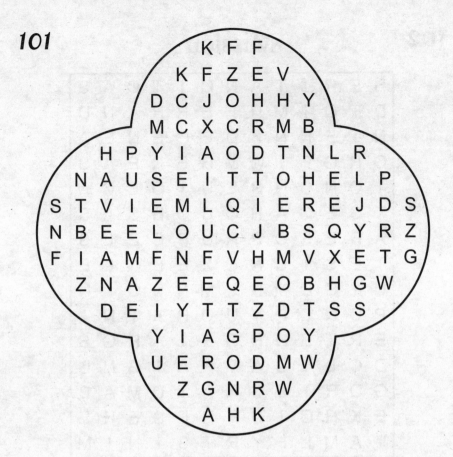

```
        K F F
        K F Z E V
    D C J O H H Y
    M C X C R M B
  H P Y I A O D T N L R
  N A U S E I T T O H E L P
  S T V I E M L Q I E R E J D S
  N B E E L O U C J B S Q Y R Z
  F I A M F N F V H M V X E T G
  Z N A Z E E Q E O B H G W
    D E I Y T T Z D T S S
        Y I A G P O Y
        U E R O D M W
        Z G N R W
          A H K
```

*I am
grateful
for the
money I
have and
use it to help
myself
and others.*

Mission

```
H E R I T A N O I T C A S
D I D I M H F E R R A N D
N T F N N F D E O E N E A
O R G F I W M H E R E A S
I O N C N B E U I O L C W
T S E G A H Q U O H S A S
A R E S O P R U P C Z L S
T E S I C R E X E B W L E
U Y S D M R L M N S O I N
P O N L P Y U O R A T N I
E R T E D N O S I A R G S
D C L T C A M P A I G N U
G O R T E G R A T D M A B
E K H O I U T R E S E K E
T A M L F Y R T S I N I M
```

ACTION	DEPUTATION	OFFICE
BUSINESS	EMBASSY	PURPOSE
CALLING	ERRAND	QUEST
CAMPAIGN	EXERCISE	RAISON D'ETRE
CHORE	FORCE	SORTIE
CRUSADE	MINISTRY	TARGET

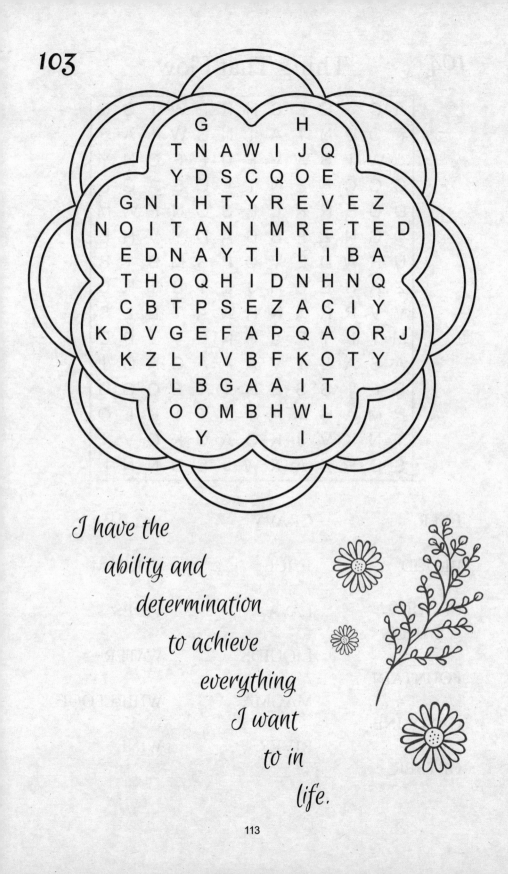

```
        G           H
     T N A W I   J Q
     Y D S C Q O E
   G N I H T Y R E V E Z
   N O I T A N I M R E T E D
     E D N A Y T I L I B A
     T H O Q H I D N H N Q
     C B T P S E Z A C I Y
   K D V G E F A P Q A O R J
     K Z L I V B F K O T Y
       L B G A A I T
       O O M B H W L
         Y         I
```

I have the ability and determination to achieve everything I want to in life.

Thing That Flow

```
A C J E L B H R P W I S E
F O U N T A I N B W I A E
A W I S W V F U L F C N Y
C C C F E N I L O S A G E
D O E R K L E S O N E W M
D G N Z F B B A D Y V H E
U R W D E V C P S M B I B
Z A S E E H J E T B I R D
V V R R X N R W A T E L S
M Y L T E A S N E V T P D
A S A L I V A A A G R O I
E L I S S E D I T E O O U
R M A G M A Y I T I K L Q
T N K V J K Q A C K O V I
S D E X A X W J S C N N L
```

BEER	GRAVY	SALIVA
BLOOD	JUICE	STREAM
CONDEN-SATION	LAVA	TIDES
	LIQUIDS	WATER
FOUNTAIN	MAGMA	WHIRLPOOL
GASOLINE	RIVER	WINE
GEYSER		

```
N W S U
O A N W E I S S
G F A W L A T U
I S J A E Y O L D V
N D K T L P M B T E
T C G C P L M C F H
O O C I O R F I X W
E N H R L L U O
G U C O Y B A R
W M R T
```

I let go
of all
blocks
stopping
wealth
flow
into
my life.

Currencies of the World

```
J A I N E G N A L I L F P
D A B R S A V E R B K C Z
S A Y L O W E C O J W L Z
I R N B F M R L N Q B P A
D I L O O N I A R J V Y C
I A F D R V I U N R E A L
B R U B I K R H B D F E T
N Y H A N D B L Q L I D I
I N N L T Z L O T Y N R G
M O A W Z R C U Y N A U G
N S X I L G G A K Z H O N
E V D X R R B O N Y G G I
R U P N I A A A Y I F U R
I X T K J H W D L U A V B
Q O C S N K B E N O R K E
```

AFGHANI	KRONA	REAL
ARIARY	KRONE	RENMINBI
BALBOA	KWANZA	RINGGIT
BOLIVIANO	LILANGENI	RUFIYAA
FORINT	NAIRA	TUGRIK
GOURDE	RAND	ZLOTY

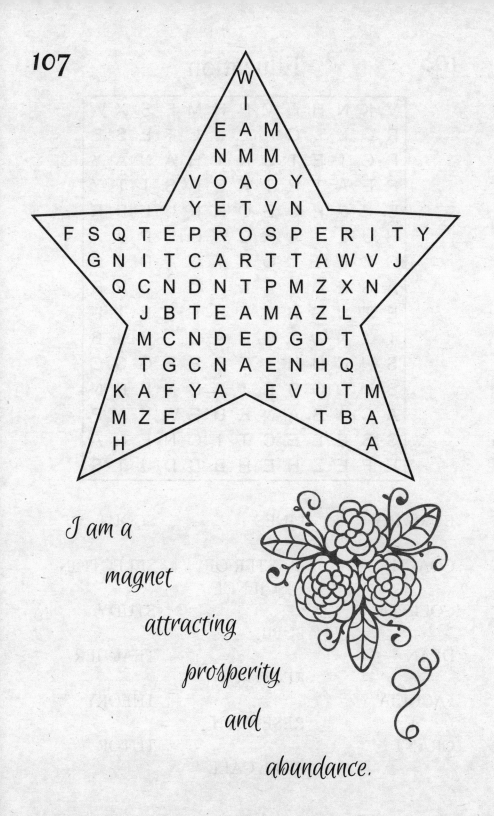

W
I
E A M
N M M
V O A O Y
Y E T V N
F S Q T E P R O S P E R I T Y
G N I T C A R T T A W V J
Q C N D N T P M Z X N
J B T E A M A Z L
M C N D E D G D T
T G C N A E N H Q
K A F Y A E V U T M
M Z E T B A A
H A

I am a

magnet

attracting

prosperity

and

abundance.

Education

```
V K N H E M P H M F S X W
R O L L C A L L L T E S E
P G T E T S N I H A N A Y
R E A T R T K E P S I T Y
E F B P C E O R K U L R R
H U L I A R C W O U P J A
C Z E I Y O E T C T D J S
A S E D L F L A O C U R R
E T U G H S F K L R E T U
T T N W T C H A L S Y J B
S H C U H I T Z E R G G C
B M O O S E I A G N B R N
A C A S A N R U E W K A P
S S E L E C T I O N E N A
H F E Z H E H B B D J T S
```

BURSARY	LINES	SCOUT
COACH	MASTER OF SCIENCE	SELECTION
COLLEGE	PUPIL	STUDY
DEAN	RECTOR	TEACHER
FACULTY	RESEARCH	THEORY
GRANT	ROLL CALL	TUTOR

```
      I Z V Q L
    N I A I I S A
  M Z K H F E A Q T
Y H W L E G C J T O H
J T S U I H Q K T W Z
R T H K I M D C L H P
R A R E N O I L K A F
E L V S R I I T R T C
  E X I A E C U S Y
  X E E U A R I
    U P K N W
```

There

are no

limits

to what

I can

achieve

in my

life.

Fundraising

```
A E S U A C D O O G W D E
W R K C X U L V T P D W K
D P T R N E C N E L I S O
D I R S O L O T T E R Y A
H T E Y H S U Q I B C P R
C R A T T O N C S O E B A
A E S C A B W O K T N O K
R C U H R G A R P Y P U X
W N R A A O N K S S D H C
A O E R M Q R I E A A I A
S C H I Q C N A N S C F P
H O U T Y G S C F N A Q R
B U N Y I B I N I F U L D
H E T N E N Q E Q T L R E
Y B G E G A L A N W F E B
```

ART SHOW	DANCING	RAFFLE
AUCTION	GOOD CAUSE	RUNNING
BAKE SALE	KARAOKE	SILENCE
CAR WASH	LOTTERY	SINGING
CHARITY	LUCKY DIP	SPONSOR
CONCERT	MARATHON	TREASURE HUNT

```
            P
          M D O
        O V H L S
      N X F D A S I
    E M D N U O R A T
  Y T H A T H A V E B I
E M N O S T C A P M I N V
R P I Z P E S O H T D N A O E
  R G F A I G I V E A N D N
    E R S B X N T L Z P D
      C M V C W C G S P
        E A E A F L K
          I I Y L X
            V S F
              E
```

*I give and
receive
money
in ways
that have
positive
impacts on me
and those
around me.*

TOP...

```
R A L L O D N K C E L M H
L O B J C K R P X L G U O
H M O Z O A Q E I Z W M C
I F B F U L C B G E Y Z T
I L H Q T U E N I T T N B
D E F B T H I V I H A X R
X H L I T S E R E L Q B Y
K S V B S R O R L L U X T
S E J E R I L A A N P H I
E S R Z R A G S C N G Z L
L D K P N F S D E I G D A
I D F R Z O D S L C S E U
I B A N A N A F T H R W Q
N K J N E M K F G O I E P
G H C T O N Y R J V U U T
```

BANANA	GALLANT	QUALITY
BRASS	LEVEL	QUARK
DOLLAR	MARKS	SECRET
DRESSING	NOTCH	SELLING
EXECUTIVE	OF THE RANGE	SHELF
FLIGHT		THE BILL
	PRIORITY	

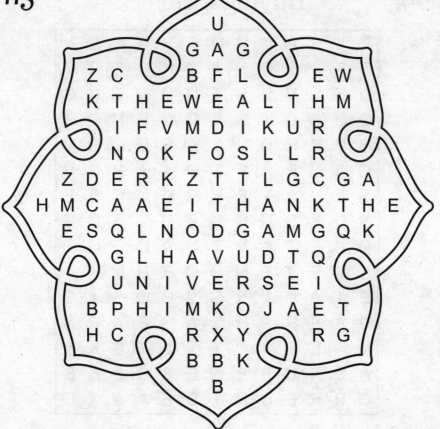

```
              U
           G  A  G
   Z  C  B     F  L        E  W
   K  T  H  E  W  E  A  L  T  H  M
   I  F  V  M  D  I  K  U  R
   N  O  K  F  O  S  L  L  R
   Z  D  E  R  K  Z  T  T  L  G  C  G  A
   H  M  C  A  A  E  I  T  H  A  N  K  T  H  E
   E  S  Q  L  N  O  D  G  A  M  G  Q  K
      G  L  H  A  V  U  D  T  Q
      U  N  I  V  E  R  S  E  I
   B  P  H  I  M  K  O  J  A  E  T
   H  C     R  X  Y        R  G
            B  B  K
            B
```

I thank the
universe
for all
the wealth
that it
brings
to me.

Buying a Home

```
E L B A D R O F F A S E N
S T I I O N A T N R S R U
U H E V E S I U O W E U C
O U C D I S F O O F H O O
H P R R O N L A F D O R M
C A Y P A F G O A I R G P
G L E R Y E V R U S C B L
S D L B N U S E O T H D E
D L F T U V T N A O E G T
E M E V E N D O R H M K I
E I A P L N G V C O S I O
D A F R P H T A S E A R N
M S E I K C T T L E S K N
A E X C F E W E B O E K B
C R R E D N T D F A W X Q
```

AFFORDABLE	DETACHED	OFFER
AGENT	FLOORS	PRICE
BUNGALOW	GARDEN	RENOVATED
COMPLETION	HOUSE	SEARCH
DEEDS	LIVING ROOM	SURVEY
DEPOSIT	MARKET	VENDOR

Dream Homes

Who hasn't dreamt about what kind of home they'd like to live in? Whether a high-rise apartment overlooking the city, a remote cottage in the countryside, or a family home in suburbia, we all have an idealized version of home in our minds. You may want something a little bigger than where you live now, or you may be wishing to downsize. Perhaps, you'd like to move to a different part of town, or even relocate abroad. Each of these factors contribute to your vision of what home should be. Whether in search of a new home or simply wanting to revamp the one you currently have, affirmations can help you to focus on the positives, appreciate your current surroundings, and be at one with where you live. While a house may seem a material thing, it is often the provider of comfort and safety for many, and so a healthy relationship with your home is the best way to begin manifesting where you'd like to live.

Understanding the value of your current space can be a fantastic way to boost your mood and achieve peace. An increased awareness of your surroundings will encourage you to cherish the present moment and also determine a path which takes you closer to the home you'd like for yourself. By identifying the good and focusing on how you can make it better, you can envision where you see yourself living and affirm that you are worthy of such a space.

Of course, bricks and mortar won't just walk to you… there will be plenty of hard work needed, but hard work is always made easier when accompanied by positive mood, motivation, and enthusiasm. Why not try out some of the affirmations in this section and see how they impact you.

Perfect

```
U N S G F F B R E P U S E
T S H Q G T E R I N A R B
N C S D R K O O B T X E T
O M E E L Z C R I E T A H
B V P R L W Q A T A H N D
K X P A R T Q E R V O E M
E U E R M O L U P A R E D
Z D H M E P C U L R O E E
I M V Q M C Q S A I U C H
Y T O O A R I M H F G P S
N E C D V E N S F E H L I
T O E A F U V C E P E G L
M N N T X L F X U E P R O
Y H I D N E E R T I R E P
H V N M F K E R I T N E S
```

ACCURATE	FAULTLESS	PURE
COMPLETE	IDEAL	SHEER
CORRECT	MINT	SUPERB
ENTIRE	MODEL	TEXTBOOK
EXACT	POLISHED	THOROUGH
EXPERT	PRECISE	UNMARRED

```
      H P F W
    W T O O I W F K
  T J I C L M O H D P
  S T T V L K C E W I Y Z
  T L L B O C V G J B C F
  Z V P E R F E C T I N U H B
  X Y P M H R P F W B D G Q A
  U V H F Y H I N T U J I K K
  Y S Y W F Q Z K M B U S V I
  M A N I F E S T I N G R
  Y N P F H L P X I D K I
  H D F Q Z C U A X X
    M Y N E W T M A
      J W C P
```

I am

manifesting

my new

home

which

will be

perfect in

every way.

117   Exploration and Discovery

```
A N A C I T C R A T N A E
E F P D A C V S K N U Z S
N H R V N J U R Q S L K O
I M T I A I R O T C I V L
U V H J C M S R C V O O Z
G R B O V A A A A Y G W A
W O S D E L N Z A N R B Z
E I N Y I O L G O I V A J
N R O A E T E C N N M A L
A E R S Y H R C H B M E O
U T T G W K A A E A V G P
P N A R K S B Z I A I K I
A I P R A P I C R L O T T
P H O U J D A T Q B S T I
V U Y P V R E K E K I T M
```

AFRICA   HAITI   TRADE

AMAZON   INCAS   TRAILS

ANTARCTICA   INTERIOR   TRAVEL

AUSTRALIA   JAMAICA   VICTORIA

CANOES   PAPUA NEW GUINEA   VOYAGE

CONGO   ZAMBEZI

PATRONS

```
        H M M
      V R O Y A C C
    F Z L M Q E K B O
  T H E S E A R C H I D
  V O R L I L D R Z P I
U I O U M S L L I W D N A
Y Y L T N A I L L I R B Z
W F I N P N F J U R U N P
E S E F B O T L T Z D
Y G V W O R K O U T F
T D U Z M D Q H G
  A U G Y M E D
      R H W
```

The search
for my
dream
home is an
adventure
and will
work out
brilliantly.

Architecture

```
N R E L E C E M A Y Q P T
A O O I Z V I O R P Y Q S
H D N W I F D E O B Y U O
T U E G H H A Y S A R S P
E T O U C N M U L O C D M
B Y C B Q A S O T W Z R I
A N L H Q O P R N F D S U
Z N A D M U R I A E V G A
I A S O C L E A T L L F A
L C S L E I O A B A L T R
E S I I L H R L P R L I T
E U C F O O C O S J E F P
R T A B C N S I D M R E S
I D L E T N I L N Y U A A
Y P D U U C E C E S B N Q
```

BAROQUE	ELIZABETHAN	OGIVE
CAPITAL	IMPOST	PILLAR
COLUMN	IONIC	SOCLE
CUPOLA	LINTEL	TORUS
DECORATED	NEO-CLASSICAL	TUDOR
DORIC		TUSCAN
	NICHE	

```
Y I K           H I I
J T N           A D T
D T H E U N I V E R S E F
  L H X V Q C U A T
  O O K A S L A V H
  V U C Y C P G O E
  E S M A M T Z D P
  D E M E T D L E E
  O F R M I I N Y R
  N O S S V B O A F
T H E R I G H T T N E V H
K C S           C M T
V Q J           T S Z
```

The universe
has the perfect
house for
me and my
loved ones,
in exactly
the right
location.

Relax

```
B T S E R A E K A T L E U
K B N S E Q Q M C M Z N R
S M K R P A Q U I O W I N
T L D R O W S E O I O G D
A S I Z S V V N N S N A U
R L I G E N S D S W Y M H
G O V E H I O H O D B I C
A W D I S T U D R A B E A
Z D Y R S T E E O E A N L
E O Q J E I A N R F E E M
K W I Y L M T N U U F B D
I N E R O P A B E P Y N O
F P S V J T U E A U M U W
T U V B E E D L S C H O N
Y D N E B N U V F L K L N
```

CALM DOWN	LIGHTEN UP	SLOW DOWN
DAYDREAM	NOD OFF	SNOOZE
DROWSE	REPOSE	STARGAZE
HIBERNATE	SHUT-EYE	TAKE A REST
IMAGINE	SIESTA	UNBEND
LIE DOWN	SIT BACK	UNWIND

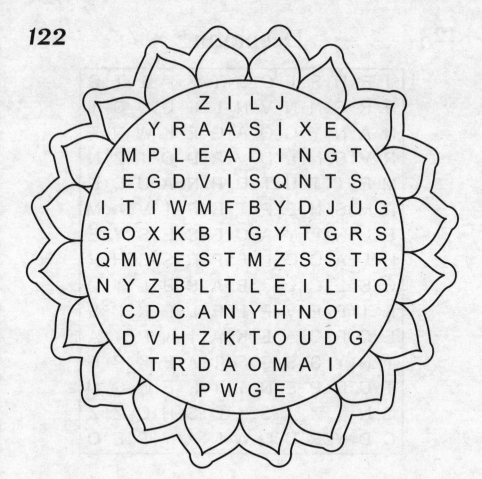

```
      Z I L J
    Y R A A S I X E
  M P L E A D I N G T
  E G D V I S Q N T S
  I T I W M F B Y D J U G
  G O X K B I G Y T G R S
  Q M W E S T M Z S S T R
  N Y Z B L T L E I L I O
  C D C A N Y H N O I
  D V H Z K T O U D G
    T R D A O M A I
      P W G E
```

I trust

that my

path is

leading

me to my

ideal

home.

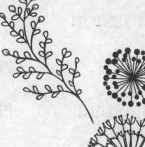

Decorating

```
J R H S L O O T S P E T S
P R G N N V N L Q U D S T
N A N Y G Q A Q E K W N T
R V S M L D V R D O I Z N
M E I T U T D P N A U O E
D M S N E P T R P I V A M
B U N L Y A O E S E S Y E
U L A O O L F P R S C H R
C S L C L J B A S B L T U
K I P E V P L R L P K C S
E O R C A L K A I I R I A
T N Y S S G S T A B K B E
T U R P E N T I N E W G M
G N I Z I S I O S H O Z Z
C D Y R D Q W N A Y F E Q
```

BUCKET

EMULSION

GLUE

MEASURE-
    MENT

NAILS

OVERALLS

PAINT

PASTE

PLANS

PREPARATION

RAGS

ROLLER

SIZING

STEP STOOL

TOPCOAT

TURPENTINE

VARNISH

VINYL

```
      R F C M O
    L E O O D U Q
  C L M E M C T M A
P E A C E F U L N X D
E L K U X O T D J X U
U C A E V R E S E D I
Q B E A U T I F U L E
L B H E Y A D U R B V
P H O C B K Z L W
  P Y M L A Y M
    O V E V V
```

I deserve a beautiful, peaceful and comfortable home.

Magical

```
R D K W F I R D Y S Y S A
G T E E O P C A T T W P O
N V I N V E N T E D P E M
I L C H L Z T D K A Y C M
T A B R N E N R R Y M T C
A E S N O E G I D I A R U
N R Q P T M T E E I E A N
I N L E I I A W N C R L C
C U R I O R E N R D D O A
S P F N E R I E T E A I N
A G A I L E A T H I L R N
F L R V F T T V U I C U Y
E E E K I L Y R I A F S G
E Y O V N G H O S T L Y P
J B E H C T I R D L E N S
```

APPARI-
  TIONAL

CREATIVE

DREAMY

EERIE

ELDRITCH

ELFIN

FAIRYLIKE

FASCINATING

GHOSTLY

INVENTED

LEGENDARY

PRETEND

ROMANTIC

SPECTRAL

SPIRITUAL

UNCANNY

UNREAL

WEIRD

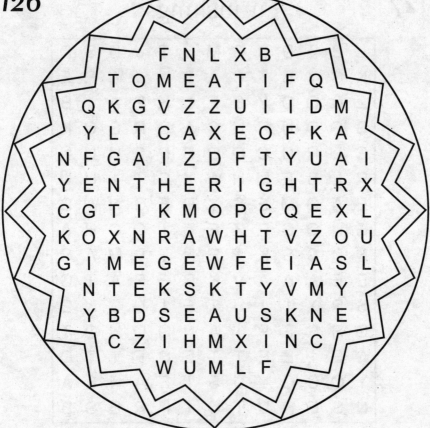

Whatever
I need
comes
to me at
exactly
the right
time.

Furnishings

```
L B E D S S M U T J U S D
K C Y B T C A S N J W R E
Z D O O Y E E L K P A I B
S F O U R H C A S R S Q K
C L R U C O G P P E H U N
R L B E M H W X C T I U U
E A O M E S Y R E S N W B
E R O C R Z E L I O G H A
N D S S K T E N T P M A S
E E A A A V K R E R A T G
S R X I I U T F I U C N E
G H R S P I A N O O H O T
W E I E E T T E S F I T D
Y O C G Y U S T E A N E A
N S E R U T C I P R E S B
```

BUNK BED	FOUR-POSTER	SECRETAIRE
BUREAU	FREEZER	SETTEE
CHEST	LARDER	STOOL
CLOCK	PIANO	TELEVISION
COMMODE	PICTURES	WASHING MACHINE
COUCH	SCREEN	WHATNOT

```
  Y S D   Q Q W
  I D O N O T D
G N I V O M R O F
P R J N E A E E N I H N G
P R E P A R A T I O N N S
J H C G N M F K Z Y I K E
  R F O H I M V M T C O
U J B O F H D O T Y S D W
J N M F N I T E T C Y Z H
L E P A E N L Y E E F W H
  S L I M C A B N I
  L A F R I T D
  I D J   X M N
```

*I am letting
go of all
I do not
need in
preparation
for moving
into my
dream home.*

Beginnings

```
M G E K M F E V U E R S P
L D D I O U S H E R I N U
S H C N U A L Z M H E Y G
E T R R E E R U P T N S N
E T A C I P S U A R O P I
T D J R D J K V U R I Z R
A Y E C T D I B I R T H P
E E D T D T B G G F O F S
R G G G C N I C X F M E T
C R D A W N U R F O N Y F
K E E I A O Y O H P I A E
A M N T T Z K P F M T E N
R E E G N C W U E U E G A
T D E T I E O P N J S G H
G N I K C A R C T E G S S
```

ACTIVATE	ENTER	LAUNCH
AUSPICATE	ERUPT	ORIGINATE
BIRTH	FOUND	SET IN MOTION
CREATE	GET CRACKING	SPRING UP
CROP UP	JUMP OFF	START
EMERGE	KICK OFF	USHER IN

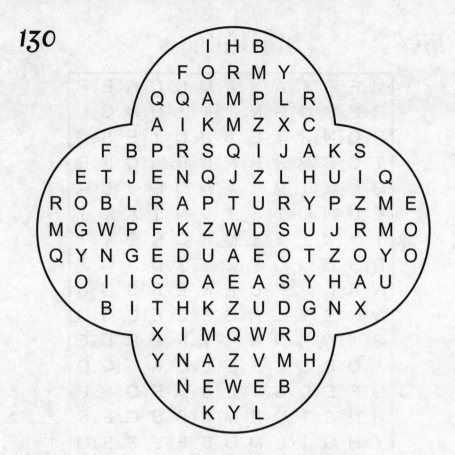

```
        I H B
       F O R M Y
   Q Q A M P L R
   A I K M Z X C
 F B P R S Q I J A K S
E T J E N Q J Z L H U I Q
R O B L R A P T U R Y P Z M E
M G W P F K Z W D S U J R M O
Q Y N G E D U A E O T Z O Y O
 O I I C D A E A S Y H A U
 B I T H K Z U D G N X
       X I M Q W R D
       Y N A Z V M H
       N E W E B
         K Y L
```

A perfect
new
home
is just
waiting
for my
family
and me.

Mindfulness

```
M E D I A Y Z M E C A E P
R E C O G N I T I O N G L
S O N R T E I U Q T E S G
T C E P S E R D R A G E R
S N H T M R A W D O V C A
E U N O I S I V N I A M T
I Y C I F Y M F G R O V I
B S Q O Q F Z I I D P C T
W A K E F U L N E S S U U
W X Z Y C A G E E E D G D
S I W X N N R T R C R B E
I Q S C B F E L C A A G Q
G F E D G I C S M E D P K
H N S T O P M X S S G E S
T H G I L M O B B E S F O
```

CARING	LIGHT	SPACE
ENERGY	PEACE	VIGILANCE
ESSENCE	QUIET	VISION
FOCUS	RECOGNITION	WAKEFUL-NESS
FREEDOM	REGARD	WARMTH
GRATITUDE	RESPECT	WISDOM

Spiritual Development

The soul is integral to spiritual development and inner peace. Your thoughts, emotions, and desires are guided by the condition of your soul—a powerful entity within yourself that will help you to manifest your desires. The process of manifesting is straightforward enough however it requires more than willpower and positivity. Crucial to the process is a heightened awareness of your inner self as well as your surroundings. This is where spiritual development comes in.

You can tune in to your soul and seek spiritual guidance daily by reconnecting with the universe, with the nature that exists in it, and the people around you. Consistency is key—it's important to remember that while manifesting will change your outer reality, affirmations are a way to alter your inner voice and attitudes. Daily affirmations will instil a self-confidence that allows you to face difficult situations positively and with resilience. Focused on positivity, affirmations will shift your subconscious thoughts and instil new habits that see you appreciate and embrace rather criticize and divert. We, as humans, will always be a work in progress but small steps in our daily routine can ensure we live life on an upward trajectory, no matter our position or age.

Use the affirmations in this final section to start devoting your inner self to success, peace, and prosperity.

Growing

```
A U G M E N T I N G G G G
L A G H U X E N G S N N N
G H A N W J T F E T I I I
N R I S I N G E O E N R G
I G N E B M G W N X E A R
G K N Z L N O O H D D O U
L A K I I O M O G D I S S
U D I D S A N N B G W N Q
B L D N S I I G M N I O G
L U R S I X A A A I E N O
B E I G A N G R L T M B G
L N M W D F G N N O I F D
G N I R U T A M B O F N G
G N I L L E W S T H U G G
F G N I M O O R H S U M L
```

AUGMENTING	GAINING	SHOOTING
BOOMING	MASSING	SOARING
BUDDING	MATURING	SURGING
BULGING	MUSH-ROOMING	SWELLING
ELONGATING		WAXING
	RAISING	
EXTENDING		WIDENING
	RISING	

```
    I D A K       G O N G
  S U N S U U   R P G V R G
  S U F L T I Y J D W X M O M E
  L W U F S O O J M X F X W F E
  E A D E V E L O P M E N T A Y
  H M U X U W H G R O G Z H T X
  E G E T H U O K S V Y C A J E
  M D S I G M Y L I F E N I
    O C A R V O C O J G D
    C D E I C Q Q K A
    L D O P U E V
    E B I S V
    W M G
    I
```

I welcome

spiritual

growth and

development

into

my life.

Admirable Adjectives

```
F L E Y L R E T S A M Y L
P E A L E S E U R H L A E
E P L I B H E V B U Y D C
R K G I N A E O E O S L W
F D S N F E I R L L E T S
E J U E I L G L E P C F Y
C W P Y L R A Y E A D C N
T P R A I S E W O R T H Y
M T E S E C G T L E T E C
B D M U T Y E V T E O S E
I T E P S O L B H I S E L
K A B E E G I D E E L S T
A E W R N N A I N H V G N
M R Q B O F L V E I O J E
C G R Y H D N A R G K N G
```

CLEVER	GREAT	PERFECT
FLAWLESS	HONEST	PRAISE-WORTHY
GENIAL	IDEAL	RELIABLE
GENTLE	KINDLY	SUPERB
GLITTERING	LOYAL	SUPREME
GRAND	MASTERLY	TRUSTY

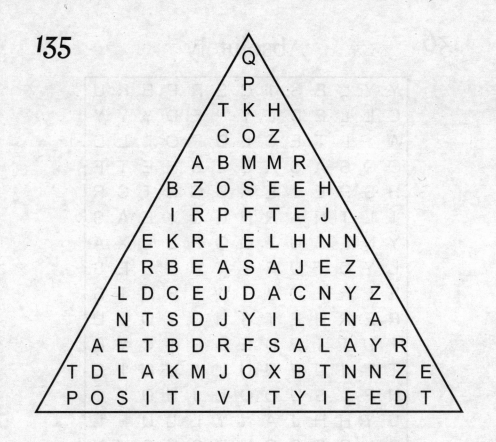

```
              Q
              P
          T   K   H
          C   O   Z
        A B M M R
        B Z O S E E H
      I R P F T E J
      E K R L E L H N N
    R B E A S A J E Z
    L D C E J D A C N Y Z
  N T S D J Y I L E N A
  A E T B D R F S A L A Y R
  T D L A K M J O X B T N N Z E
P O S I T I V I T Y I E E D T
```

I radiate
peace and
positivity
and
they are
reflected
back
to me.

Absolutely

```
Y Y L E S I C E R P E R U
C L L E D L Y P E D Y Y Y
W Y L T E C L D P O L L D
O O S A S A B Z B H E T F
H S R E I E A B G P T C R
I L T N A R N U Q Y E A S
Y N L S U Z O O F L L X A
L Y D T U R I T H R P E S
E L R E O J T W A E M T S
R E R H E T S H B T O L U
I L T I R D E O B T C Y R
T T J U E N U L A U M I E
N P L S U Q Q L J H D T D
E Y H H J A N Y L L U F L
D L O F C O U R S E C V Y
```

ASSUREDLY	FULLY	PRECISELY
CLEARLY	HONESTLY	THOROUGHLY
COMPLETELY	INDEED	TRULY
DICTA-TORIALLY	JUST SO	UNQUESTION-ABLY
	OF COURSE	
ENTIRELY		UTTERLY
	PLAINLY	
EXACTLY		WHOLLY

```
  T I H Y P
  J M O O T W K
 Y O S I W T I S V
B V Y L N C A A W Y K
E I F A T L F R H Z K
Z C U O E D E R D Y S
W F L G N T I H P S B
X J L Y T Z L L R G H
 D Y M I T E E D O
  B M O G B N J
    L N H A D
```

*I move
towards
my goals
joyfully
with
intention
and
belief.*

Stars

```
S T A E H C S E A R C H R
E M C M B O E S G P A M Q
A P B E M E R A K G P D E
L R A M A C A I E Z B S E
P O T Q N M T V D I U A I
H C H C K S N A H E L W X
A Y Q U E P A T G D H I P
C O A Y C L E L E C R S A
E N T V T G E R N T Y Z L
N K U I L T A P A X E L U
T I S A E M I L U R E S A
A H S B I C L L G G O Z H
U A X N S E L E I E I F S
R T M Y B O M R Q N H U C
I N B L P T A T R A Z I M
```

ACAMAR	ELECTRA	RASALGETHI
ALDERAMIN	MEGREZ	RIGEL
ALPHA CENTAURI	MERAK	SCHEAT
	MIZAR	SHAULA
ANTARES		
	POLLUX	SHEDIR
BELLATRIX		
	PROCYON	VEGA
BETELGEUSE		

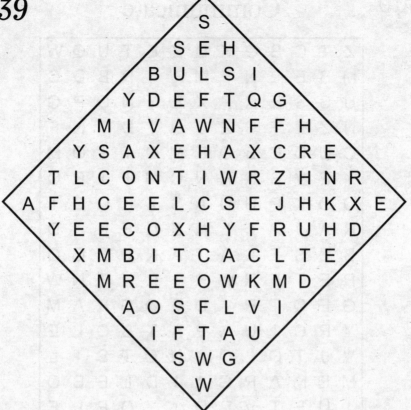

```
              S
            S E H
          B U L S I
        Y D E F T Q G
      M I V A W N F F H
    Y S A X E H A X C R E
  T L C O N T I W R Z H N R
A F H C E E L C S E J H K X E
  Y E E C O X H Y F R U H D
    X M B I T C A C L T E
      M R E E O W K M D
        A O S F L V I
          I F T A U
            S W G
              W
```

I am
guided
by my
higher
self which
always wants
the best
for me.

Communicate

```
Z T C B Q K D Z E T U Q W
M B E L N F M W C R B D C
U S S E R P X E Y N O P G
N Z Z T C Z J D I D T N F
C U D C B O E M G I I Q M
Y P V B R R N C M T I R Q
O O K P U U A S X K O S I
R A J T F L N E U F K I D
B E S F L A T A N L Z G Q
R E T F R W I R K T N W
G E O T R I D E O G R A M
Y R C I U A P A T B O L E
V J T O L O I N E T S I L
M E M A R G A I D L E B O
I U F T V D Q I Y Q P L F
```

CALL FOR	LETTER	REPORT
CONSULT	LISTEN	SIGNAL
DIAGRAM	PLEAD	TEXTING
GESTURE	PONY EXPRESS	TRANSMIT
IDEOGRAM		UTTER
INFORM	PROJECT	WRITE
	RECORD	

```
              E
            A M D
    O Z     G S Y       E L
    X U M D O E J I H T O
    I T F O I M H N G
    Z O U D T R V N N
    B P K D F D I N K V T E F
    L C M F A F A N T O S H A R E
    J H O Y I Y U C Z U C W H
    L I G H T W I T H
    L S D Z R R B Z H
    K U D L R O W E H T O
    N F     N P I       P Y
            U P Z
            O
```

*Today is
   a good day,
      full of
         opportunities
            to share
               my inner
                  light with
                     the world.*

Dances

```
A R E N A B A H C S D W J
B S R B S A B D Y R T T E
E O M W M V Z W A L T Z S
D A T W I S T I A C L Y Z
S E D A R D L S H I M M Y
D I T U T L E A Z A D U T
S T M T A O C V U Z A P E
V B H G O H P E X E E U U
A Q S G A V R D D S M I N
C A N C A N A N E J K N I
R A S M J O O G M H V B M
T K H A K R U Z A M S P A
C C A M K A L Z T Y F A D
B S K B S S M A N U E T M
W R E O F A N D A N G O P
```

CANCAN

CHA-CHA

FANDANGO

GALLIARD

GAVOTTE

HABANERA

MAMBO

MASHED POTATO

MAZURKA

MINUET

RONDEAU

RUMBA

SAMBA

SHAKE

SHIMMY

TANGO

TWIST

WALTZ

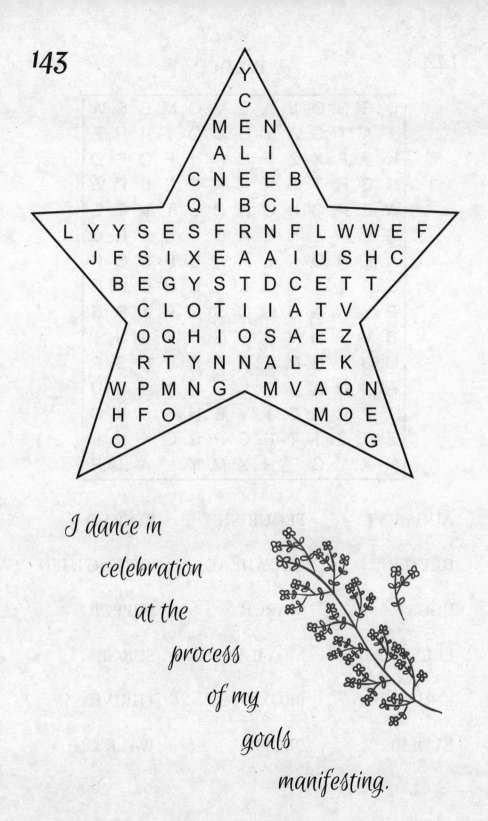

I dance in
celebration
at the
process
of my
goals
manifesting.

Advance

```
D G N O L A E V O M E S W
I A T G W Y D C O I V U Z
K V F X Z F E W J F O P D
N E H T G N E R T S L P W
W E P Q H G H P L T V T G
G E T A H E A D V E E R O
A E N O K L A W U P S O P
S C T J M U L Y B U C P H
E Y W A G O O S R P T P S
B V F M V B R G F H J U I
O O E H M E E P R U C S R
A N O A J T L I N I Y S U
T P R S G T V E H E J Y O
Z C Z T T E C P R O P E L
H X Y Q R R X M Y L A I F
```

AUGMENT	FLOURISH	STEP UP
BETTER	GET AHEAD	STRENGTHEN
BOOST	MARCH	SUPPORT
ELEVATE	MOVE ALONG	SURGE
ENHANCE	PROMOTE	THRIVE
EVOLVE	PROPEL	WALK ON

```
      Z A S Z
    U C O N T R O L
  U R R S D H H Y O J
  F H F G L R K P Q E N N
  H B E L I E F S T H A T
P I E O Q R L I W T D V K B
Z H K C A B E M K L K O D F
Z L E V I T A G E N X K Z G
G W H K V E S H J K V Y A N
  O F M Y D E S T I N Y I
  U X Q E V A C V L C M P
  V C A V N I M A A D
    H Z J Y B E I B
      W O K W
```

I am in
control
of my destiny
and release any
negative
beliefs that
have held
me back.

Repair

```
S R T E R A Z N M E F S P
N T H S I B R U F E R U K
R C E K Z R H R G A W L R
R E E X A E E Q F E A N E
E R J W P S I C S S O Z D
F R K I H T R L I I C R R
I O G E G O E Z T V U E E
T C N E W R T I Y E R N S
S S G U B E D N L R A E S
U Y T E B N S T I H A W S
J R E M O D E L L O N S J
D A A C C V S Y V I P X O
A M E N D F I Z R I T E C
P R U Q A S G P B P Q Z R
N M E P U T I N O R D E R
```

ADJUST	RECONDITION	RENEW
AMEND	REDRESS	REPOINT
CORRECT	REFIT	RESTORE
DEBUG	REFURBISH	REVISE
FRESHEN	REJIG	SERVICE
PUT IN ORDER	REMODEL	SEW UP

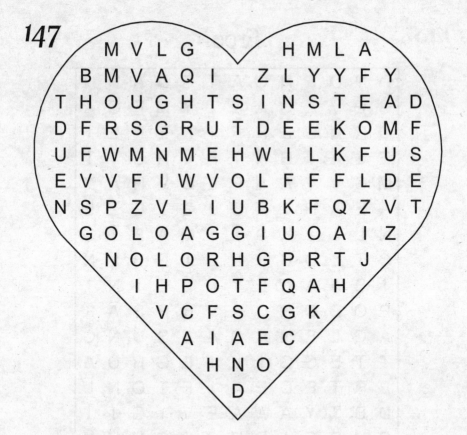

```
    M V L G       H M L A
    B M V A Q I   Z L Y Y F Y
  T H O U G H T S I N S T E A D
  D F R S G R U T D E E K O M F
  U F W M N M E H W I L K F U S
  E V V F I W V O L F F F L D E
  N S P Z V L I U B K F Q Z V T
    G O L O A G G I U O A I Z
    N O L O R H G P R T J
      I H P O T F Q A H
      V C F S C G K
      A I A E C
      H N O
        D
```

*I forgive
myself for
having
negative
thoughts, and
I choose
loving
thoughts instead.*

Free

```
D N D E H C A T E D A P H
G E V A C A N T Y M F O A
O R N C E R F I F E P E I
E S A I H H T F V H E T T
M S V T A A P L O V H A Y
A E A H I R O J E T E Z L
N L I I K S T I M A E I G
C T L D B J L S T D B L N
I S A A W E Y L E E I N I
P O B O R C A V R R S A K
A C L F N R O A A S N N C
T T E G G I L I E G H U A
E R T E D E X I F T O N L
D B T Y A W A E V I G I I
G H D E I P U C C O N U N
```

ABSOLVE	EMANCIPATED	LIBERAL
AT LARGE	EMPTY	NOT FIXED
AVAILABLE	GIVEAWAY	RELIEVE
COSTLESS	GRATIS	UNOCCUPIED
DETACHED	LACKING	UNRE-STRAINED
DEVOID	LET OFF	VACANT

```
        Y Y N E
    K A X H U F O G
  Y F A N T Q I C N P
  P B F M L G L R I S
  C P E H P A K T E V N Y
  H A I B H E I S A I D X
  K H N B J H H E T L P U
  B M G Q W M V B I M C N
  A C J Y A N Y V A O
  I A K E I T M E I C
    M A G I C A L P
        Q S U U
```

I am healthy.

I am happy.

I am living

my best life.

I am a

magical,

creative

being.

Abide With Me

```
S P O U S K L T R L T B Z
I R X Y E N I E A L O E A
U O A E P A V D W E L L L
T C P E W P E Y U I E L P
J D N A B M O M S T R U E
A N N V E E N T R V A Z R
R T J H R U A V C E T M M
O B B U P N N Y D G E P A
A A D J D R R I R R O U N
E N V F U E S Y T R D T E
E B O O Q E H A M N A L N
Q R J E R B E T N Q O T T
C O B N H A D S H D S C H
S O E J P R E Y G E L I S
D K A D M L T E R L A S T
```

AWAIT	KEEP	REST
BEAR	LAST	SOJOURN
BROOK	LIVE ON	STAND FOR
CONTINUE	LODGE	STAY
DWELL	PERMANENT	TARRY
ENDURE	RESIDE	TOLERATE

```
L R E                    D M E
I I I                    U N M
R A V S I U L F V N E I I
  E I S H R W I R B
  A X N T J V G D D
  G S D G E Y L E E
  W J G R W L Y T N
  I L S N A G O T O
  T E E D I X H R T
  H H N B J E V A A
C Z T A O F I C B X M R S
V F H                    A D M
O S E                    I R I
```

*I am at one
with the
energy
of the
universe
and all
living
beings.*

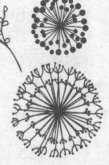

Summer

```
Y E S E T R T S L E I G V
A M O A S H S W O D A E M
T D E U G A R D E N H C S
P H A I O U C N J I W R O
L A L L T G W T P J E L Y
B F R K A U G P I W R G H
Y A W A E S Q N B U O N E
M W I O S T A U I D S I E
A K S W H O E G E H E M J
Y B A C E T L F A M S M A
R L A G E H T M R A W I W
C Y U N K E S A J L A W F
N K N J N P U E W S S S Y
O I H C A E B E P G P M I
S Z G P I R T Y A D S H W
```

AUGUST	HEAT	SUITCASE
BEACH	JULY	SWIMMING
DAY TRIP	MEADOWS	TENNIS
FISHING	PARASOL	WARMTH
FLIGHT	ROSES	WASPS
GARDEN	SALAD	YACHT

```
      G X S
    H T C N E J Z
  G H K P Y I Q N V
  H G P N W M T Z D D H
  I P M A O E I G A T X
L V S X S N R N S Y M M W
E Y R E I D A U N F P A D
F Z E A Y E H T Q U G C V
M N O A R S R H L S M
R N C D F O O T L E Q
  I R O U T P X O B
    N T L S P C F
      N H O
```

*Today is an
amazing
day full of
wonderful
opportunities
to share my
inner
light.*

SOLUTIONS

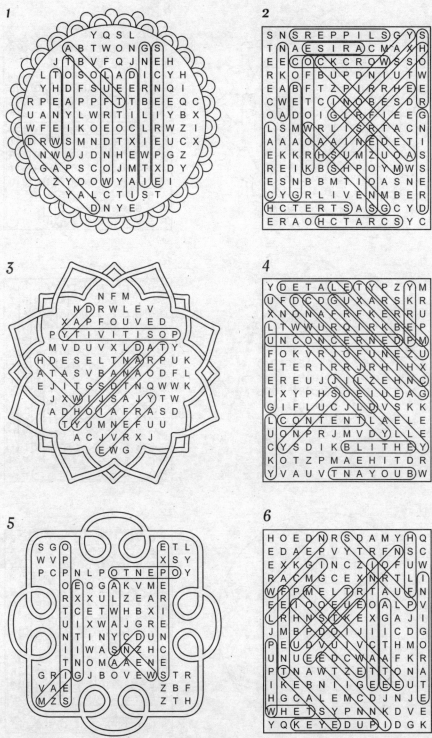

SOLUTIONS

7

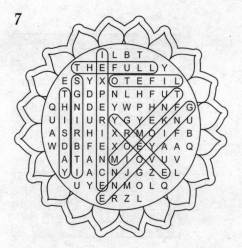

8

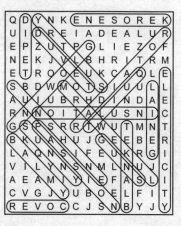

9

10

11

12

SOLUTIONS

13

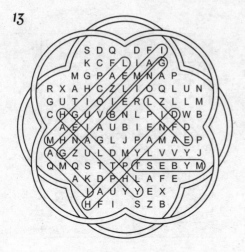

14

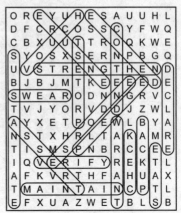

15

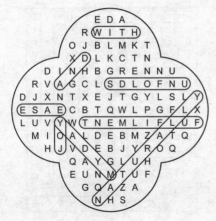

16

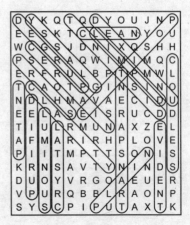

17

18

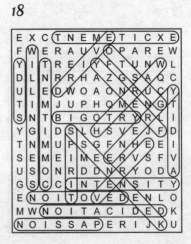

SOLUTIONS

19

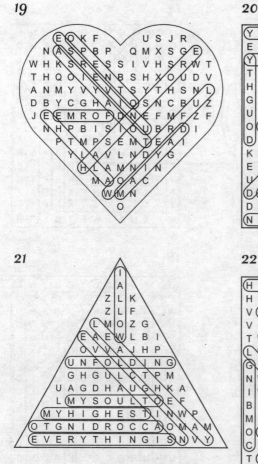

20

21

22

23

24

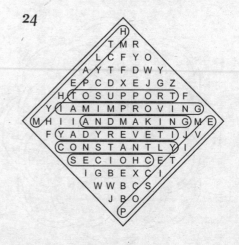

SOLUTIONS

25

26

27

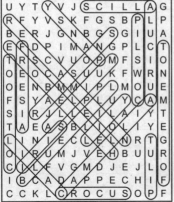

28

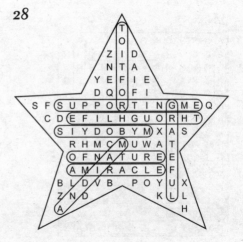

29

30

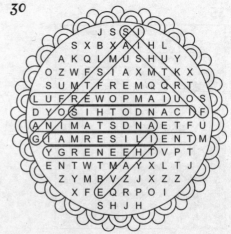

SOLUTIONS

31

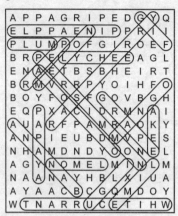

32

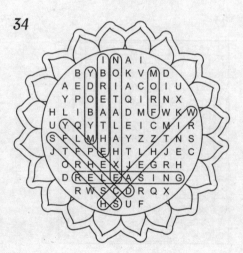

33

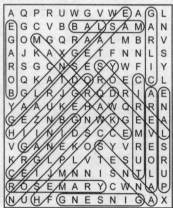

34

35

36

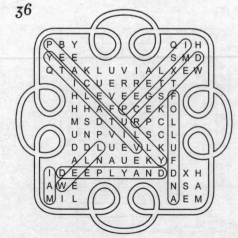

SOLUTIONS

37

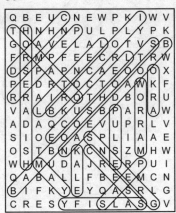

38

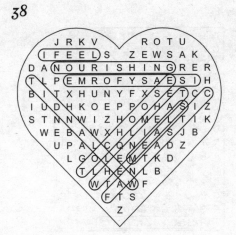

39

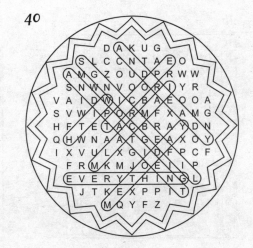

40

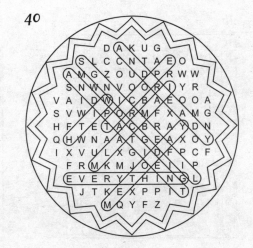

41

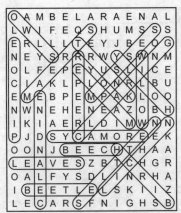

42

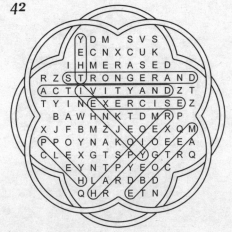

SOLUTIONS

43

44

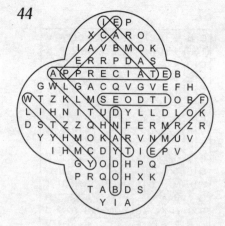

45

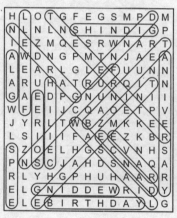

46

47

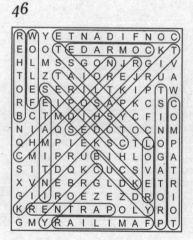

48

SOLUTIONS

49

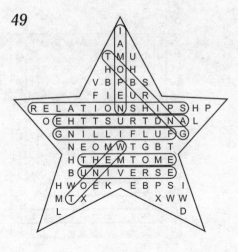

50

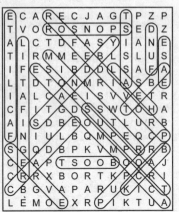

51

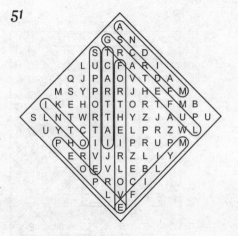

52

53

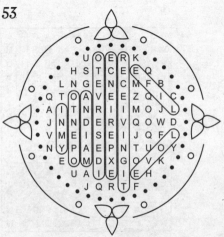

54

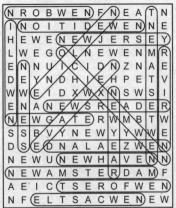

SOLUTIONS

55

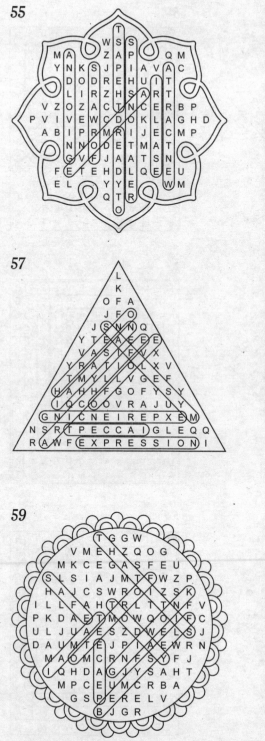

56

57

58

59

60

SOLUTIONS

61

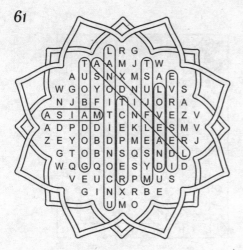

62

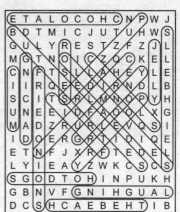

63

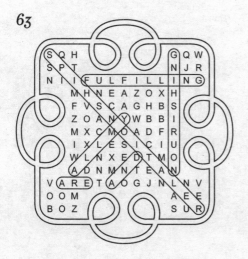

64

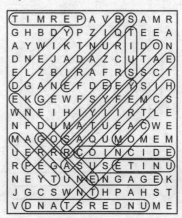

65

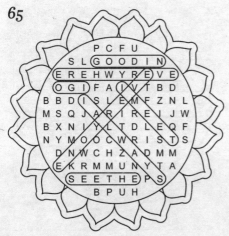

66

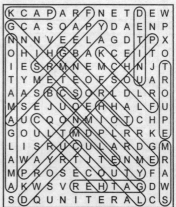

SOLUTIONS

67

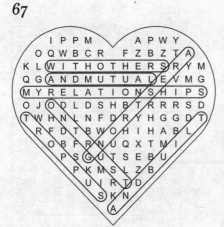

68

69

70

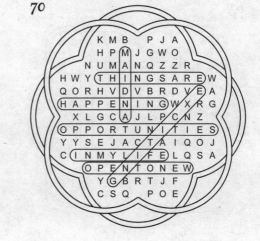

71

72

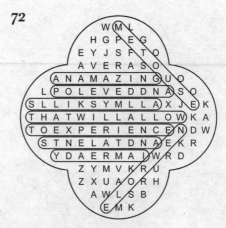

SOLUTIONS

73

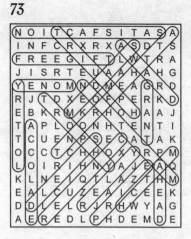

74

75

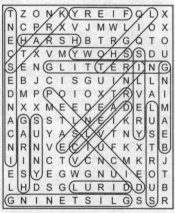

76

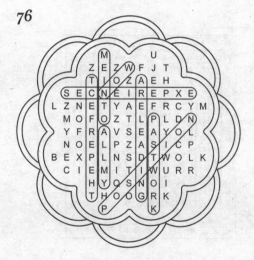

77

78

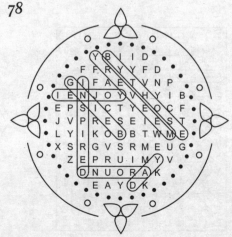

SOLUTIONS

79

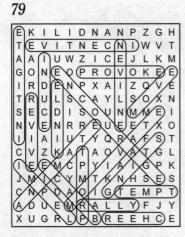

80

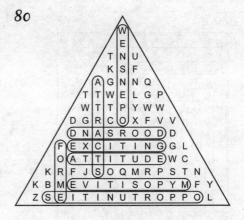

81

82

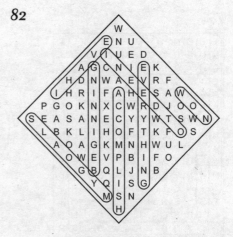

83

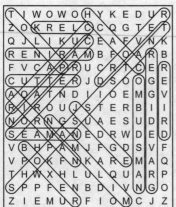

84

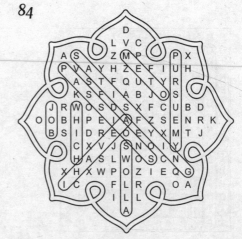

SOLUTIONS

85

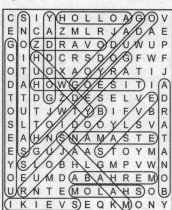

86

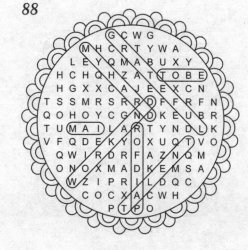

87

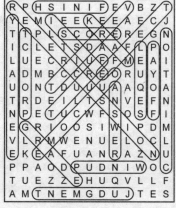

88

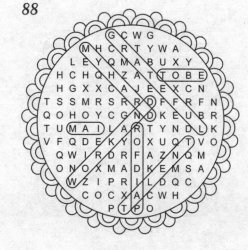

89

90

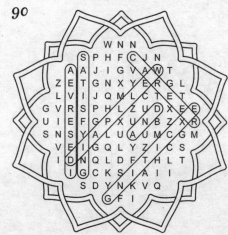

SOLUTIONS

91

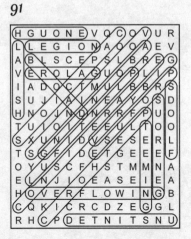

92

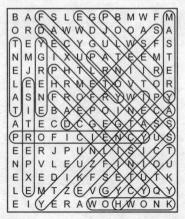

93

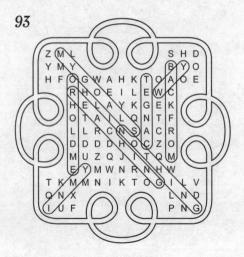

94

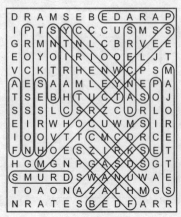

95

96

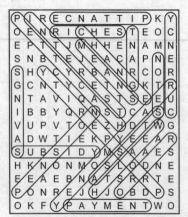

182

SOLUTIONS

97

98

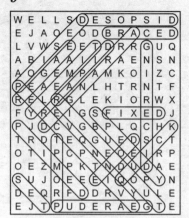

99

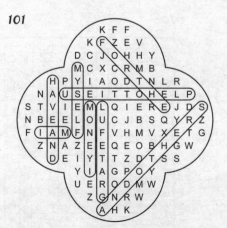

100

101

102

SOLUTIONS

103

104

105

106

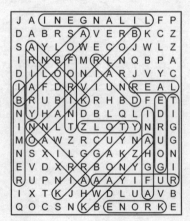

107

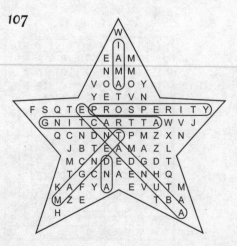

108

SOLUTIONS

109

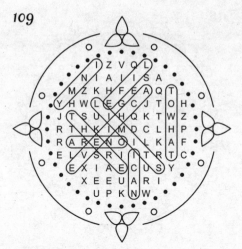

110

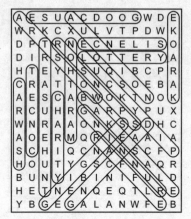

111

112

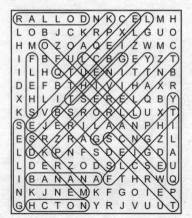

113

114

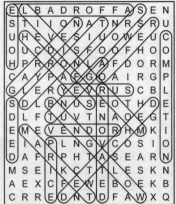

SOLUTIONS

115

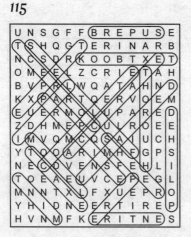

116

117

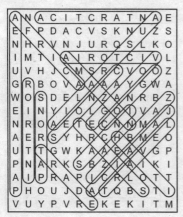

118

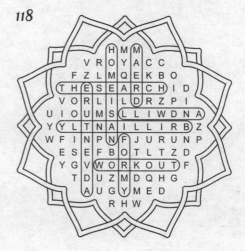

119

120

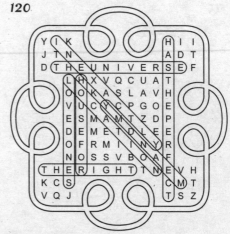

SOLUTIONS

121

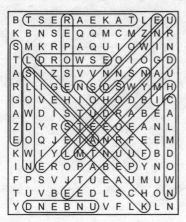

122

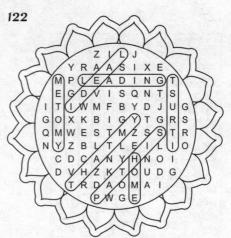

123

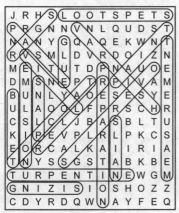

124

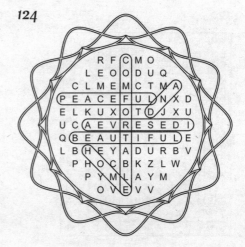

125

126

SOLUTIONS

127

128

129

130

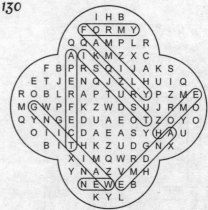

131

132

SOLUTIONS

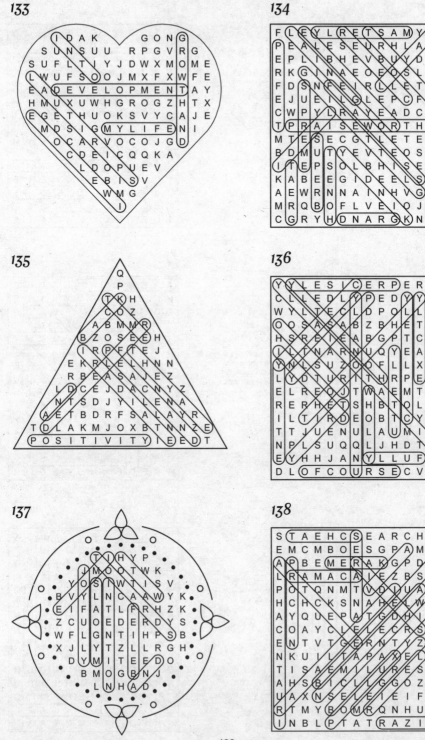

SOLUTIONS

139

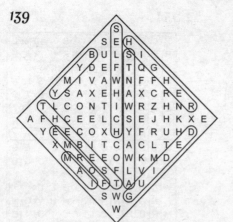

140

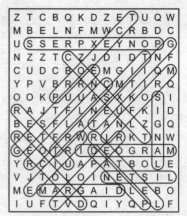

141

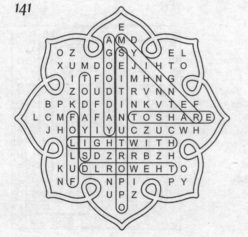

142

143

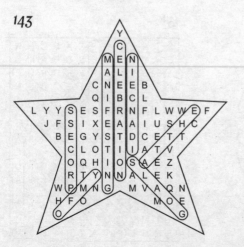

144

SOLUTIONS

145

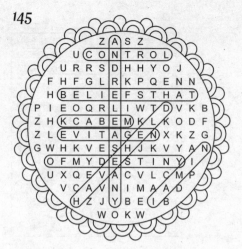

146

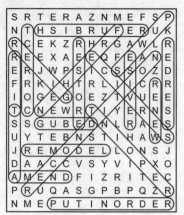

147

148

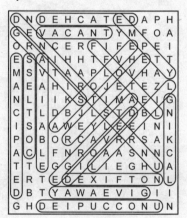

149

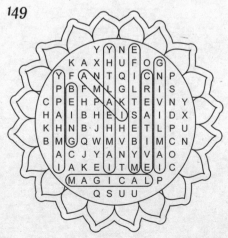

150

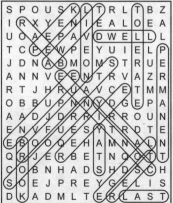

SOLUTIONS

151

152

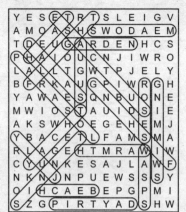

153

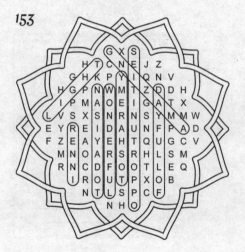